一途な
リーダー
の育成

教会設立運動を率いる小さいグループや家庭教会のリーダーをトレーニングするためのマニュアル。

一途なリーダーの育成

教会設立運動を率いる小さいグループや家庭教会のリーダーをトレーニングするためのマニュアル。

ダニエル・B・ランカスター博士　著

T4T プレス　発行

2011年　初版

不許複製。この本のいかなる部分の、いかなる形式・方法（あらゆる記録媒体による電子複写、録音含む）による複製・転載も、著者の許可なしには禁じられています。ただし、レビュー中の短い引用のみは許可されています。

コピーライト2012、ダニエル・R・ランカスターによる

ISBN 978-1-938920-60-8 印刷

すべての聖書の引用句は、とくに断わりのない限り、HOLY BIBLE, NEW INTERNATIONAL VERSION®, NIV® copyright © 1973, 1978, 1984 by International Bible Society. より、ゾンダーヴァン社の許可の下、引用されています。不許複製。

(NLT)と記された聖書の引用句は、Holy Bible, New Living Translation, Copyright © 1996, 2004, used by permission of Tyndale House Publishers, Inc., Wheaton, Illinois, 60189. より引用されたものです。不許複製。

(NASB)と記された聖書の引用句は、NEW AMERICAN STANDARD BIBLE ®, Copyright © 1960, 1962, 1963, 1968, 1971, 1972, 1973, 1975, 1977, 1995 by The Lockman Foundation. より引用されたものです。不許複製。

(HCSB)と記された聖書の引用句は、Holman Christian Standard Bible® Copyright © 2003, 2002, 2000, 1999 by Holman Bible Publishers. より引用されたものです。不許複製。

(CEV)と記された聖書の引用句は、Contemporary English Version Copyright © 1995 by American Bible Society. より引用されたものです。要使用許可。

図書館における出版時図書目録（CIP）データ

目次

前書き... 7
謝辞... 9
はじめに... 11

パート1　基本

イエスの戦略..................................... 17
リーダーの育成................................... 20
トレーニングの原理............................... 25

パート2　リーダーシップ
トレーニング

歓迎... 31
イエスのようにトレーニングなさい................. 46
イエスのように導きなさい......................... 60
強く生きよ....................................... 76
共に強くあれ..................................... 91
福音の共有....................................... 105
信奉者の育成..................................... 123
グループの創始................................... 141
グループの複製................................... 160
イエスへの追従................................... 178

パート3　リソース

さらなる学習................................. 193
付録A....................................... 195
付録B....................................... 207
付録C....................................... 209
付録D....................................... 211

トムを記念して

前書き

　教会による伝導を最も効果的にするのは絶え間ない挑戦です。イエスに仕えることに携わる人々は、信者をトレーニングする効果的な方法が用いられていることを確実にすることよりも、わずかな問題の方が重大であることを知っています。この点において、信者をトレーニングする、最も効果的な方法は、新しい信者をキリストのような弟子へと変える『イエスの教えの布教トレーニング』シリーズです。この第2冊目は、さらなる段階をなし、キリストのような弟子をグループを複製するリーダーへと変えるレッスンをもたらします。ダン・ランカスターによる『イエスの教えの布教トレーニング』は、トレーニングのために試され、テストされた計画です。それは、実践的であり、その教えにおいて、明快です。スキット、絵、そしてトレーニングされる人のための実践経験をもたらします。
　『一途なリーダーの育成』は、疑いなく、伝導のために信者を完全にトレーニングする最も効果的なメソッドの1つです。この材料は効果的であるだけでなく、リーダーシップの発展を促進し、神のようなリーダーがどのようであるかというビジョンと同様、新しい教会の設立にあたって従うべきステップを与えます。この本は、前を見ており、育てられたリーダーは育成を助け、彼らをまた、トレーニングします。『一途なリーダーの育成』は、リーダー自身だけでなく、人格に関連する8つの絵を用いて新しい光によって働く人々を理解する助けとなります。
　全体としての『イエスの教えの布教トレーニングシリーズ』は、新しい信者に聖なるやり方で備えます。シリーズの中でのこの第2の本は、第1巻で始まった、ためになる実践的

なメソッドを引き継いでいます。王の中の王の伝導は、メソッドの中における最大のもののみを求めます。ここに、これらのクオリティに見合ったリーダーのトレーニング計画があります。

ロイJ・フィッシュ

謝辞

　全ての教則本は、人生において学んだことの集大成です。『イエスの布教トレーニングシリーズ』もその例に漏れません。私は私をトレーニングしてくださった多くの人々のおかげで、他の方をトレーニングすることができました。
　東南アジアの何人かの友人には、寄り添ってもらい、これらのリーダーシップ・トレーニングの材料を開発する助けになっていただきました。ギルバート・デイビッド、ジェリー・ウィットフィールド、クレイグ・ガリッソン、スティーブ・スミス、ネイル・ミムス、そしてウッディーとリン・シンペン諸氏の見識、サポート、助力に感謝いたします。私たちは何年もの間、一緒にこの旅を歩んできました。
　数人の精神的なリーダーたちは、私の人生に十分に影響を与え、そして私は彼らに感謝します。リッキー・パリス博士は、私に、どのようにしたら心の底から神を求めるかを教えて下さいました。ゲイロン・レーン、L. D. バックスレイ、そしてトム・ポプレカ諸氏は、私の巡礼の大半における無償の愛と精神的なリーダーシップの鑑となりました。エルヴィン・マックカーン氏は、神が私に授けた伝導の炎を大きくしてくださいました。故ニック・オルソン氏は、どのようにしたら計画と誠実の人になれるかを示して下さいました。ベン・スミス博士「はイエスは私にイエスを照会し、それから自信をお与えになりました。ロイ・フィッシュ博士は、私の伝導の初期に、信奉者の複数化へのヴィジョンを投げかけて下さいました。故ロン・カップス氏は、「最もよきリーダーは、最も良き召使いである」ことを教えて下さいました。皆さん、私をリーダーとして育てて下さってどうもありがとうございます。ですから、私は他者をトレーニングできます。

トム・ウェルズは、私たちが建てた2つめの教会であるハイランド・フェローシップの名誉リーダーとして仕えました。才能のあるミュージシャンであり、親愛なる友人であるトムと私はコーヒーを片手に、キリストの8つの絵について話し合い続けました。彼は私が、『一途なリーダーの育成』において使用されているシンプルな方法を発達させるのを手伝ってくれました。私たちは、また、教会の状態について、現地の教会に対して相談サービスを提供しました。トム、あなたは今、神のもとにいますが、あなたの務めが続いていることを覚えてくださいね。私たちは、あなたのことを覚えていて、そしてとても恋しく思っています。

　私はまた、このプロジェクトに貢献してくださったデイビッドとジル・シャンクスに特別な感謝をします。彼らの優しさは、アジアにおける数えきれない信者たちが信奉者として、リーダーとして、そして教会設立において共に強くなることを可能としました。「ありがとう」を言うのを待っている天国の列は、とても長いものとなっているでしょう。

　最後に、私の家族はこの本を、あなたへの贈り物とします。私の妻であるホリー、子供たちである、ジェフ、ザック、カーリス、そしてゼーンは、皆、情熱的で精神的なリーダーを育てるドrッ良くを助け、国に癒しを与えました。

ダニエル・B・ランカスター博士
東南アジア

はじめに

　神は私たちの家族にアメリカで2つの教会をはじめる特権をお与えになりました。最初の教会はテキサス州のハミルトンにありました。そこは、テキサス州の中で最も貧しい地域の田舎の地域でした。神がどのようにして経済的に苦しい時において、200席の教会の建物を負債をかかえることなく築いた信者の強力な力を供給したかについての思い出は、今日も心を暖かくします。神がハミルトンのことを心に留めたとき、私たちの生活すべてを変えられました。

　私たちは、テキサス州ルイスヴィルにおいて、2回目の教会設立を行いました。私は私の中高校生時代を、ダラスおよびフォートワースの郊外における進歩的な地域であるルイスヴィルで過ごしました。私がホームにした教会であるレイクランド・バプティスト教会は、教会設立を金銭的に、感情的に、そして精神的に暖かく援助してくださいました。私たちはその地域に18の教会を建てたものです。私たちの教会設立者としての経験から、牧師は、旅の核となるグループなしに、主に、ドア・トゥー・ドアの魅力に頼って、教会を設立するよう言いました。

　教会を設立する2ヶ月間、私は体中に痛みを感じ、極度の疲労に苦しみました。医者は、私たちの4人目の子供が生まれたのと同じ日に、私を全身性エリテマトーデスであると診断しました。後の診察で、脊椎膠着病であると警告されました。それは、脊柱、肋骨、そして股関節を溶かす関節炎です。強力な痛み止めは安心感を与えましたが、私を眠たくしました。私は一日に最大2時間しか歩けず、残りの時間の多くを休み、祈ることに費やしました。

私たちの伝導におけるこの時期は、「魂の暗闇の夜」でした。疲労と痛みが全てのものを制約しました。私は病気でしたが、私たちは神がまだ、教会を開始するよう呼んでおられるように感じました。私たちは彼に、私たちを逃がすよう言いましたが、彼は神の恵みが十分にあることを思い出させることでお応えになりました。私たちは私たちの問いかけに疑問を持ちましたが、神は私たちを神の近くに引き寄せ続け、私たちに望みをお与えになりました。私たちは、神は私たちを知らない罪のために罰しているのかと思いましたが、神は私たちを信念で満たし、そして神は迷い子を助け、そして彼の家族のもとに戻しました。伝導の地へと行くという私たちの夢は、ある日、ゆっくりと消えてゆき、やがてなくなりました。

　もし、新しい教会を設立するにあたって、1日に2時間しか働けないとしたら、あなたはあなたの時間をどのように使いますか？神は私たちを、リーダーたちの育成に集中するよう、お導きになりました。私は、ランチでどのようにして人と1時間過ごすかを学び、そして、次の付きの戦略的なプランを与えました。それはしばしばナプキンに書かれていました！次は他者を訓練するような他者を訓練する、複製の精神が生まれました。私たちは人々が、神がどのようにして彼らを「つなぎ」そして実践的な方法でキリストに留まるのかを見出す助けとなりました。私たちが直面した肉体的な苦しみにも拘らず、多くの大人と子供は王国に入りました。

　私が病気であった3年間、私たちは私たちの夜を昼にする新薬を飲み始めました。痛みと疲労は管理できるようになってきました。何でもかんでもする古いモデルの牧師に回帰するかわりに、私たちはリーダー育成の道のりに集中してきました。教会を創始した4年後、私は友人とともに東南アジアに視察旅行に行きました。私たちが飛行機を出て見知らぬ土地に降り立ったとき、神は私の心に話しかけて言いました、「あなたは帰って来たのです。」と。私はその夜、私の妻に電話し、彼女は、私たち双方に神がそのように話しかけたということを認めました。1年後、私たちは私たちの持っている全

はじめに

てのものを売却し、4人家族の荷造りをして、東南アジアに移住しました。

私たちは閉ざされた国において働き、信奉者の育成を開始しました。ペテロ、ヤコブ、ヨハネに焦点をあてたイエスの例に従い、私たちは神に、私たちの生活を注ぐことのできる3人の男性と3人の女性を求めました。神は私たちの祈りに応え、私たちに、まるでパウロをトレーニングしたバルナバのように、私たちが同伴し、トレーニングすることのできる人々をお遣わしになりました。私たちはイエスに従わせるため、より多くの人々をトレーニングしたので、彼らは多くの新しいグループを創始し、それらの中のいくつかは教会になりました。彼らが成長するとき、グループと教会はすぐにより多くの、より良いリーダーを必要としました。私たちが布教した国々もまた、リーダーシップの欠如とリーダーシップの成長の停滞に苦しんでいました。私たちは、イエスがどのようにして使徒をリーダーとしてトレーニングしたかについて、さらなる学習を始めました。私たちは、私たちの国の友人たちにこれらのレッスンを教え、そして興味深い発見をしました。それは、信奉者の育成とリーダーのトレーニングは同じコインの2つの側面である、ということです。「信奉者の育成」は、旅の始まりを描写し、そして「リーダーのトレーニング」は旅の継続を描写します。私たちはまた、イエスを鑑とすればするほど、私たちのトレーニングが複製可能になっていくことを発見しました。

私たちがリーダーたちに教えた複製可能なレッスンは、このトレーニングのマニュアルに含まれています。イエスはいつも時代も偉大なリーダーであり、彼の信奉者の内に住んでいます。私たちが彼に従うとき、私たちはより良いリーダーになります。神がリーダーとしてのあなたとこのトレーニングマニュアルを通じて影響した人々に祝福をお与えになりますように。多くのリーダーたちは、これらの材料によって、リーダーの世代をトレーニングすることに成功し、あなたが同様にするとき、私たちは神の恵みがあなたの人生にあるよう祈ります。

パート1
基本

イエスの戦略

天国に到達するためのイエスの計画には、5つのステップがあります：主によって強く生きること、福音を共有すること、信奉者を育成すること、グループを創始し、教会設立へと導くこと、そしてリーダーを産むことです。それぞれのステップは個別に成立していますが、他のステップを円環状に強化します。イエスの教えの布教トレーニングは、トレーナーがイエスに従うことによって、人々の中における教会設立運動のきっかけとなる能力を与えます。

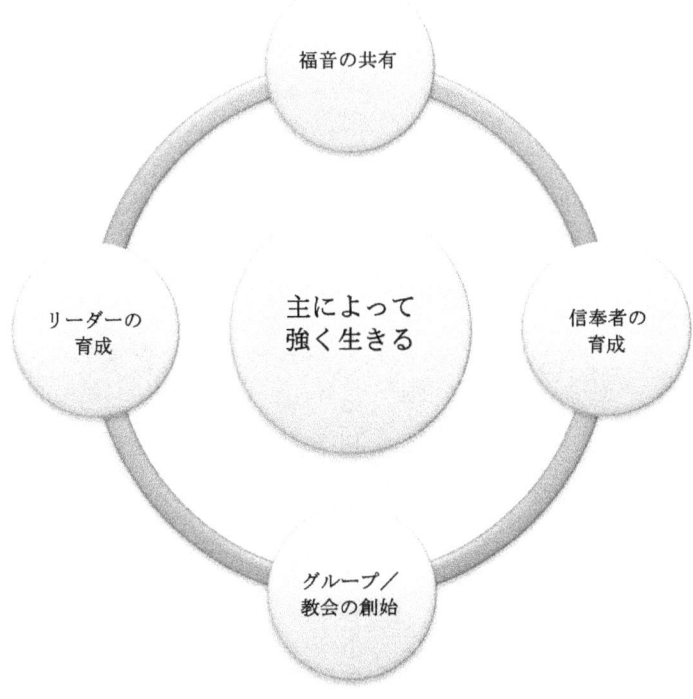

イエスの教えの布教トレーニングは、一途な信奉者の育成と、イエスの戦略から始まります。信奉者たちはどのように祈り、イエスの命令に従い、そして聖霊の力によって歩くかを習います（主によって強く生きる）。信奉者たちはそれから、どのようにして神が働いている場所においてド神と交わるかを発見し、彼らの証言を分かち合います。それは、精神的な戦争状態における力強い武器となります。次に、彼らはどのようにして福音を分かち合うかを学び、そして人々を神の家族に招待し直します（福音の共有）。コースを完了させると、リーダーたちは小さなグループを開始する道具を得、複製化へのヴィジョンを得、そして彼らの共同体に達する計画を獲得します（グループの創始）。

　成長過程の信奉者は、私たちが彼らを訓練し監督するとき、二つのニーズを示します。身を起こしたリーダーたちは、どのようにして精神的なリーダーとして成長するか戸惑い、そしてグループから教会への移り変わりにおいて、何が必要であるか戸惑います。イエスの方法における戦略は順次的なものではないので、ある信奉者たちはリーダーシップのトレーニングを求め、それから協会設立トレーニングを求めます。他の信奉者は、逆の順番をたどります。結果として、私たちは『一途な信奉者の育成』を使い、他者をトレーニングする信念のある信奉者に対し、2つの追加トレーニングセミナーを提供し始めました。

　『一途な教会の創始』は、既存の教会が新しいグループと教会を設立するのを助けます。それは、イエスの方法の第4の戦略です。わずかなリーダーたちは教会を創始し、そして1つのよくある間違いは、新しい教会を設立するにあたって既存の教会の構造をコピーすることです。このアプローチは、ほとんど大した結果を産むことはできません。『一途な教会の創始』は、信奉者をトレーニングすることで、初期の教会が使徒行伝第2章において従ったイエスの8つの命令にどのようにして従うかに関するよくある間違いを防ぎます。グループはそれぞれの命令の実践的な適用を通じて働き、そして共に教会の契約を発展させます。もし、グループが神のお導きを

感じたのならば、そのセミナーはお祝いと新しい教会への献辞のセレモニーで終わります。

『一途なリーダーのトレーニング』は、他者が情熱的で精神的なリーダーとなる助けとなります。それは、イエスの方法における第5の戦略です。教会設立運動の鍵となる成分はリーダーシップの育成です。このセミナーは、リーダーたちにいすがリーダーたちをトレーニングsるために用いたプロセスを示し、全ての時代において最も偉大なリーダーであるイエスの7つのリーダーシップの素質を示します。リーダーたちは、彼らの人格タイプと他の人格の人々と一緒に活動する方法を見出します。最後に、リーダーたちはルカによる福音書第10章においてイエスが信奉者にお与えになった12の伝導の原則に則った「イエスの計画」を発展させます。このセミナーは、彼らの「イエスの計画」を分かち合ったリーダーたちとともに、お互いに祈りを捧げて終わります。リーダーたちは、お互いに監督に専念し、新しいリーダーを育てます。

『一途な教会の創始』と『一途なリーダーたちの創始』は信奉者に対し、どのようにしてイエスの伝導と方法を真似するかを示します。トレーナーたちは、リーダーたちに、彼らの習得し、分かち合うことのできる複製可能な道具を与えます。『イエスの教えの布教トレーニング』は、学ぶコースではなく、生きる方法です。2000年以上も前に、神は彼の子に従うというシンプルさでもって数えきれないほどの人生を祝福し、変えて来たのです。信者たちはイエスの戦略に従い、そして国中が変わるのを見ました。神があなたの人生においても同様に、そしてあなたがイエスに従うようトレーニングした人々に対しても同様のことをなさいますように。

リーダーの育成

『一途なリーダーの育成』は最初のコースである『一途な信奉者の育成』をもとにしており、そしてリーダーとして成長し、より多くのグループを複製する信奉者のグループを創始した人々を助けます。

トレーニングの結果

『一途なリーダーの育成』を完成させた後、あなたは以下のことができるようになるでしょう：

- 他者に10のコアなリーダーシップのレッスンを教えることができます。
- イエスによって規範化された複製プロセスを用いて他のリーダーをトレーニングすることができます。
- 異なった人格タイプを同定し、チームとして人々が共に歩のを助けます。
- 彼らのコミュニティにおける精神的な損失に取り組む戦略的なプランを発展させ、新しいグループを複製することができます。
- どのようにしたら教会設立運動を導くことができるかを理解できます。

トレーニングのプロセス

それぞれのリーダーシップのトレーニングのセッションは、どのようにしてイエスがリーダーとしての信奉者をトレーニングしたかに基づき、同じフォーマットに従って行われます。基本的なレッスンのアウトラインと推奨される時間は以下です。

崇拝

- 共に、2つの礼拝の歌を歌いなさい（時間が許せばもっと）。

    （10分間）

前進

- リーダーは、前回他のリーダーたちと会ってから彼らの伝導において前進したことについて分かち合います。グループはリーダーと彼もしくは彼女の伝導のために祈ります。

    （10分間）

問題

- トレーナーは、小話や個人的なイラストを用いて、主なリーダーシップの問題を紹介します。

    （5分間）

計画

- トレーナーはリーダーたちに、リーダーシップの問題を解決する洞察と技術をもたらすシンプルなリーダーシップのレッスンを施します。

  （20分間）

練習

- リーダーたちは、4つのグループに分けて、彼らが今ちょうど習ったレッスンを議論するという方法によってリーダーシップのトレーニングを練習します。それは、以下のものを含みます：

    - このリーダーシップの領域における前進
    - このリーダーシップの領域における問題
    - リーダーシップのレッスンに基づき、次の30日間向上するためのプラン
    - リーダーシップのレッスンに基づき、次の30日の間に彼らが練習するスキル

- 全員がたち、10回節を一緒に言って覚えましょう。最初の6回は、学習者は自身の聖書や生徒手帳を使います。最後の4回は、節を暗記して言います。

  （30分間）

祈り

- 4人グループは祈りの関心を共有し、お互いのために祈ります。

   （10分間）

エンディング

- ほとんどのセッションは、リーダーたちがリーダーシップのレッスンを自信のコンテキストに当てはめるのを助ける学習活動によって終わります。

   （15分間）

トレーニングのスケジュール

この教材を3日間もしくは10週間のトレーニング・プログラムを促進するために用いなさい。それぞれのスケジュールにおけるセッションは、1時間半であり、20ページのトレーナーの育成プロセスを実用化しています。

　リーダーシップのトレーニングは、ふつう、月1回、月2回もしくは3日間のセミナーでなされます。現在グループを率いているリーダーのみが参加を許されます。

3日間のスケジュール

	第1日目	第2日目	第3日目
8:30	歓迎	共に強くあれ	グループの創始
10:00	休憩	休憩	休憩
10:30	イエスのようにトレーニングなさい	ドラマコンテスト	グループの複製
12:00	昼食	昼食	昼食
1:00	イエスのように導きなさい	福音の共有	イエスへの追従
2:30	休憩	休憩	
3:00	強く生きよ	信奉者の育成	
5:00	夕食	夕食	

週間スケジュール

第1週	歓迎	第6週	福音の共有
第2週	イエスのようにトレーニングなさい	第7週	信奉者の育成
第3週	イエスのように導きなさい	第8週	グループの創始
第4週	強く生きよ	第9週	グループの複製
第5週	共に強くあれ	第10週	イエスへの追従

トレーニングの原理

　他者がリーダーとして成長することを助けることはとてもエキサイティングで、負担の大きい仕事です。よくある意見に反し、リーダーというものは作られるものであって、生まれつきのものではありません。より多くのリーダーが生まれれば、リーダーシップの発展は意図的でシステマチックなものになるでしょう。ある人々は、リーダーというものは彼らの人格に基づき、リーダーになるのだと、誤解しています。しかしながら、アメリカにおける成功した巨大な教会の牧師たちに関する簡単な調査は、牧師が多くの異なった人格を有していることを明らかにしています。イエスに従うとき、私たちは、全ての時代における最も偉大なリーダーに従い、そしてリーダー自身として成長するのです。

　これからリーダーとなる方たちは、リーダーシップの発達において、バランスのとれたアプローチをとる必要があります。バランスのとれたアプローチは、知識、人格、技術、そしてモチベーションの作業を含みます。人は、効果的なリーダーとなるために、この4つすべての要素を必要とします。知識なしでは、間違った推測や誤解がリーダーを誤った方向へと向わせます。人格なしでは、リーダーは伝導を止めるような道徳的・精神的過ちを犯します。必要な技術なしでは、リーダーは絶えず縄を最初からなわねばならず、時代遅れの方法を使ってしまうでしょう。最後に、知識、人格、そして技術がありながらモチベーションがないリーダーは、現状維持に甘んじ、彼もしくは彼女のポジションを保持するでしょう。

一途なリーダーの育成

　リーダーたちは、仕事を終えるための鍵となるツールを知らなくてはなりません。祈りの時間をしばらくとった後、それぞれのリーダーは目標を達成することが必要です。目標は、「次に何が起こらなくてはいけないでしょう？」という質問に答えます。リーダーたちは、彼らが何をやっているのかという目的を知るべきです。目的は「何故、それが重要であるのか？」という質問に答えます。この質問への答えを知ることは、困難な時間において、多くのリーダーたちを導いてきました。次に、リーダーたちは彼らのミッションを知らなくてはなりません。神はそのご意志をお示しになるため、人々を共同体に連れてきました。ミッションは、「誰が酸化すべきか？」という問いに答えます。最後に、良いリーダーたちは、従うべき、明確で、確固たるゴールを有しています。典型的には、リーダーたちは目標、目的、そしてミッションを4-5つのゴールを通じて投げかけます。ゴールは「私たちはそれをどのようにしてするのですか？」という問いに答えます。

　私たちは、立ち上がったリーダーたちをグループにすることがどんなに難しいかを見出してきました。神はいつも、彼が選んだ人によってあなたを驚かせるのです。最も生産的なアプローチは、彼もしくは彼女がまるでもうすでにリーダーであるかのように全ての人を扱うことです。ある人々は、彼自身あるいは彼女自身しか導かないかもしれませんが、これもまた導いていることになるのです。人々は、私たちの期待（信念）の直接的な割合においてより良いリーダーとなります。私たちが人々をリーダーとして扱うとき、彼らはリーダーとなります。イエスは、良きリーダーシップは彼の側にいることに基づくのであって人々がしばしば追究する外面的な特徴ではない、ということを示すため、社会の全てのレベルから人々を選びます。どうして私たちはリーダー不足に陥るのでしょう？なぜなら、現在のリーダーたちは阿多rしい人々に導く機会を与えるのを拒むからです。

　何よりも、神のようなリーダーシップの欠如という、わずかな要因が、神のムーブメントを止めます。悲しいことに、私たちは人々をトレーニングしてきた多くの場所において、

リーダーシップの欠如に直面してきました（アメリカ含む）。神のようなリーダーは、平和 - 平和、祝福、そして公正-への鍵です。アルバート・アイゼンシュタインによる1つの有名な引用句は、「私たちは私たちの現在のリーダーシップのレベルでは私たちの現在の問題を解決することはできない」と言い換えることができます。神は、『イエスの教えの布教トレーニング』多くの新しいリーダーたちを準備し、励ますために用います。私たちは、同じことがあなたにも起こるように祈っています。全ての時代においても最も偉大なリーダーがあなたの心を全ての精神的な祝福な満たし、あなたを強くし、そしてあなたの影響力-リーダーシップの真のテスト-を増大させますように。

パート2

リーダーシップ トレーニング

1

歓迎

トレーナーとリーダーは、最初のレッスンにおいてお互いに自己紹介をします。リーダーは、それから、ギリシャ式とヘブライ式のレッスン方法の違いを学びます。イエスは両方の方法を用い、私たちは同じようにすべきです。ヘブライ式の方法は、リーダーの育成のために最も役立つもので、一途なリーダーの育成において最も頻繁に用いられるものです。

　レッスンの目標は、世界に到達するためのイエスの計画を理解することです。イエスの計画の5つの部分は以下のものを含みます：主によって強く生きること、福音を共有すること、信奉者を育成すること、グループを創始し、教会設立へと導くこと、そしてリーダーを産むことです。リーダーは、イエスの計画のそれぞれの部分において信者が成功する用意をする「イエスの教えの布教トレーニング、パート1：一途な信奉者の育成」のレッスンを復習します。リーダーはいつも、他者に対し、イエスの計画に従うことに関するヴィジョンを投げかける練習します。このセッションは、イエスに従い、彼の命令に毎日従うことに関する説明で終わります。

崇拝

- 2つの合唱歌もしくは賛美歌を一緒に歌ってください。
- 尊敬されているリーダーに、トレーニング・セミナーの間、神の存在と祝福について祈るよういいなさい。

始まり

トレーナーの紹介

- トレーナーとリーダーは、オープニング・セッションを開始するために円形に座ります。インフォーマルな雰囲気を促進するため、予めテーブル・セットなどを取り除いておきましょう。
- トレーナーは、リーダーたちがどのようにして自己紹介をするかの見本となります。
- トレーナーと見習いはお互いに自己紹介をします。彼らは、相手の名前、家族に関する情報、人種（もし可能であれば）、そして神が一ヶ月の間どのようにして彼らを祝福したかを共有します。

リーダーの紹介

- 学習者をペアに分けましょう。

  「私と私の見習いがしたように、お互い自己紹介をしなさい。」

- 彼らは相手の名前、家族に関する情報、人種（もし可能であれば）、そして神が前の一ヶ月の間どのようにして彼らを祝福したかを共有します。彼らが忘れないよう、生徒手帳にそれらの情報を書き込ませるようにするとよいでしょう。
- およそ5分後、学習者のペアに対し、最低5組の他のパートナーに、自分がパートナーに自己紹介したのと同じように自己紹介をさせましょう。

イエスはどのようにしてリーダーをトレーニングしましたか？

- リーダーたちに、伝統的な教育の方法に則り、いすを列にして並べるよう言いましょう。彼らは最低2列、中央に廊下を形成するべきです。トレーナーが前に立っている間、リーダーは列になって座ります。

  「私たちはこれを、『ギリシャ』式の学習法と呼びます。教師は知識を分かち合い、学生はわずかな質問をし、そして皆がまず教師の言葉を聞き入れます。典型的には、教師は、特に子供たちと一緒に、このようにしてクラスを組織します。」

- リーダーに、セッションの最初のように丸くなるよう言いなさい。リーダーとトレーナーは共に、円陣を組みます。

  「私たちはこれを、『ヘブライ』式の学習法と呼びます。教師はわずかな質問をし、学生はテーマについて議論し、そして皆が先生だけでなく、話している人皆の言葉を聞き入れます。時に、教師は、大人たちを教

えるときにこの方法を用います。イエスは、どちらの教授法を用いたのでしょうか？」

- 生徒に質問について議論することを許し、「両方です」と言いなさい。イエスは、群衆に話しかけるときにギリシャ式の方法を用い、弟子をリーダーとして育成するときにヘブライ式の方法を用いました。

「あなたの使用場面において、多くの先生はどちらの方法を用いますか？」

- 先生はギリシャ式の方法を最も頻繁に用います。結果として、私たちはこの場面において、最もやりやすく感じます。

「このトレーニングセッションにおいて、私たちはどのようにして、イエスがした方法でリーダーをトレーニングするかを示します。一途なリーダーの育成のセッションの多くにおいて、私たちは『ヘブライ』式の方法を用います。というのも、イエスは、リーダーをトレーニングするときにこの方法を用いるのです。私たちは、彼の真似をしたいのです。」

計画

「このレッスンにおける私たちのゴールは、世界に到達するためのイエスの計画を理解し、彼に従うことができるようにすることです。」

誰が教会を設立しましたか？

> マタイによる福音書　第16章18節
> そこで、わたしもあなたに言う。あなたはペテロ（「石」の意味）である。そして、わたしはこの岩の上にわたしの教会を建てよう。黄泉の力もそれに打ち勝つことはない。（NLT）

「イエスは、彼の教会を設立した方です。」

誰が教会を設立したかは、どうして重要なのですか？

> 詩篇　第127章1節
> 主が家を建てられるのでなければ、建てる者の勤労はむなしい。主が町を守られるのでなければ、守る者のさめているのはむなしい。（HCSB）

「イエスが教会を建てられるのでなければ、建てる者の勤労はむなしいものとなります。地上での説教と教会の歴史を通じて、イエスはいつも同じ計画によって彼の教会を建てました。彼に従うことができるようになるよう、彼の計画を学びましょう。」

イエスはどのようにして彼の教会を建てましたか？

- 下のダイアグラムを、世界に到達するためのイエスの計画を分かち合う間、セクション毎に描きましょう。

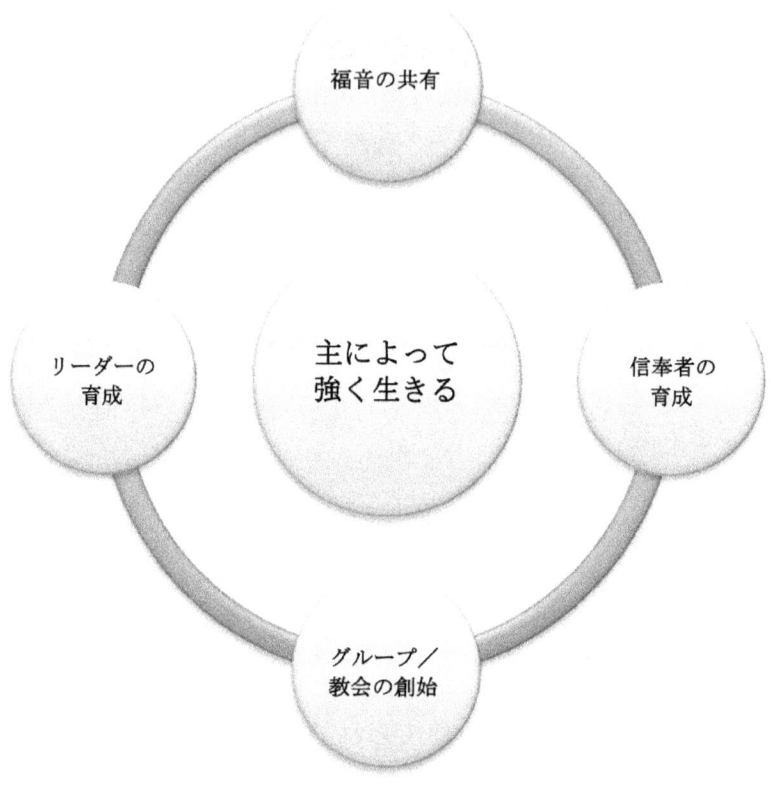

主によって強くなる

> ルカによる福音書　第2章52節
> イエスはますます知恵が加わり、背たけも伸び、そして神と人から愛された。(CEV)

> ルカによる福音書　第4章14節
> (彼の試みの後で)　それからイエスは御霊の力に満ちあふれてガリラヤへ帰られると、そのうわさがその地方全体にひろまった。

「イエスの計画の最初の戦略は、『主によって強くなる』ことです。精神的なリーダーシップは神との潔癖で密接な関係に依存します。私たちが強くなるためには、私たちはイエスに留まる必要があります。」

- 主によって強くなる
  腕を挙げて強い男の人のようなポーズをしなさい。

私たちがイエスに留まるとき、私たちは祈り、彼の命令に従い、聖霊とともに歩み、そしてイエスの働いている場所に交わります。

- 『イエスの教えの布教トレーニング、パート１：一途な信奉者の育成』における「祈り」「追従」「歩み」のレッスンを手振りとともに復習しましょう。

「これらのレッスンは私たちがどのようにしてキリストに留まるのかをトレーニングします。それらは私たちが、他者を彼に留まるようにさせるトレーニングする助けともなります。主によって強くなることの一部は、彼の命令に従うことです。イエスの計画の残りは、私たちが直ちに、いつも、心の底から従うべき命令から成り立っています。」

福音の共有

> マルコによる福音書　第1章14-15節
> ヨハネが捕らえられた後、イエスはガリラヤに行き、神の福音をのべ伝えて言われた、「時は満ちた、神の国は近づいた。悔い改めて福音を信ぜよ。」

「私たちは祈り、聖霊とともに歩むことで主によって強く生きます。私たちが主によって強く生きるもう1つの方法は、イエスの命令に従うことです。イエスは、彼が働いている場所に交わり、良き知らせを分かち合うよう私たちに命令します。」

- 福音の共有
  まるで種を蒔いているかのような仕草であなたの右手で投げる動作をしなさい。

「多くの人々にとって、神がどのようにして彼を救ったかに関する体験談を分かち合うことは、他者とよき知らせを分かち合うにあたって良いスタート地点です。人々は私たちのストーリーを興味を持って聞きます。私たちの体験談を分かち合うことは、私たちに、聖霊が働いているかどうかを見ることができるようにします。これによって、私たちは彼と交わることができます。」

私たちが神の働いている場所を見るとき、私たちはシンプルな福音を分かち合います。福音の種をまくようにしましょう。覚えていなさい、種のないところに収穫物は育ちません！

- 『イエスの教えの布教トレーニング、パート1：一途な信奉者の育成』における「行くこと」「分かち合い」「種まき」のレッスンを手振りとともに復習しましょう。

「ここで、サタンの罠にはまってはいけません。多くの信者は、誤って、彼らが福音を分かち合う前に主によって強く生きる必要があると考えているのです。彼らは、その逆が真実であることに気付いていません。私たちは、イエスの命令に従う前ではなく、その後に主によって強く生きるのです。福音を共有することに

よって、イエスの命令に従い、それからあなたはあなたの信条によって強く生きるのです。あなたが『十分に強い』と感じるまで待つのなら、あなたはあなたの信条を決して分かち合えないでしょう。」

信奉者の育成

> マタイによる福音書　第4章19節
> イエスは彼らに言われた、「わたしについてきなさい。あなたがたを、人間をとる漁師にしてあげよう。」

「私たちがイエスを受け入れ、福音を共有するために彼の命令に従うとき、人々は答え、信者として成長したいと望むのです。」

> ✋ 信奉者の育成
> 胸に手をあて、それから礼拝のため手を挙げなさい。ウエストに手をあて、それから伝統的な祈りのポーズをするため手を挙げなさい。手で心を指差し、その後、あなたが本を読んでいるかのように下に下げなさい。あなたの腕を、強い男のように挙げ、それからまるで種をまいているかのようにはらう仕草をしなさい。

「従うべき最も重要な命令は、神を愛し、人々を愛することです。私たちは、イエスの新しい信奉者に、どのようにしてそれを実践的なやり方でやるかを示します。私たちはまた、彼らに、どのようにして祈り、イエスの命令に従い、聖霊とともに歩み、イエスの働いている場所に行き、彼らの証言を分かち合い、そしてシンプルな福音を共有するかを教え、彼らもまた、主によって強く生きることができるようにします。」

- 『イエスの教えの布教トレーニング、パート1：一途な信奉者の育成』における「愛」のレッスンを手振りとともに復習しましょう。

グループと教会の創始

> マタイによる福音書　第16章18節
> それは断食をしていることが人に知れないで、隠れたところにおいでになるあなたの父に知られるためである。すると、隠れた事を見ておられるあなたの父は、報いて下さるであろう。

「私たちがイエスに留まり彼の命令に従うとき、私たちは福音を共有し、信奉者を育成します。それから、私たちはイエスの例に従い、礼拝し、祈り、学び、そして共に伝導するグループを開始します。イエスは彼の教会を強化させるため、世界中でこのようなグループを創り、そして主の栄光のため、教会が新しい教会を創始する助けとなります。

> ✋ グループと教会の創始
> まるであなたが人々にあなたの周りに集まるよう指示しているかのように、「集まる」動作の手振りをしましょう。

リーダーの育成

> マタイによる福音書　第10章5-8節
> イエスはこの十二人をつかわすに当たり、彼らに命じて言われた、「異邦人の道に行くな、またサマリヤ人の町にはいるな。むしろ、イスラエルの家の失われた羊のところへ行け。行って『天国が近づいた』とのべ伝えよ。病人をいやし、死人を

よみがえらせ、らい病人をきよめ、悪霊を追い出せ。ただで受けたのだから、ただで与えるがよい

「私たちがイエスを受け入れるとき、彼の命令に従うことによって私たちの彼への愛を示します。私たちが福音を分かち合うことによって、迷い子たちが主の家族の元に帰ってくることができるようになります。私たちは、神と人々の両方を愛する信奉者を育成します。私たちは、礼拝し、祈り、学び、そして共に伝導するグループを開始します。より多くのグループは、より多くのリーダーが必要です。テモテへ第二の手紙第2章2節にある222の原理に従って、私たちは、より多くのリーダーをトレーニングするであろうリーダーをトレーニングするリーダーを、トレーニングします。」

- リーダーの育成
  気をつけの姿勢で立って、兵士のように挨拶しなさい。

- 『イエスの教えの布教トレーニング、パート1：一途な信奉者の育成』における「複製」のレッスンを手振りとともに復習しましょう。

「イエスの計画についてのよくある間違いを避けましょう。多くの信者は、これらの命令に、順次に従おうとします。まず、彼らは、私たちが福音を説き、それから、私たちが信奉者を育成したりすると考えているのです。イエスは、しかし、全ての場面において全ての命令に従うようお示しになりました。例えば、私たちが福音を共有するとき、私たちはすでに他者に、どのようにしてイエスの信奉者になるかをトレーニングしています。私たちが信奉者を育成するとき、私たちは新しい信者に既存のグループを探すか、新しいものを創始するよう言います。最初から、私たちは情熱的な精神的リーダーとしての習慣を示すのです。」

この5段階の方法は、イエスがどのようにして彼の教会を建てたかを描いています。使徒たちは初期の教会を建てる際にイエスの方法を真似ました。パウロは、異教徒に対する伝導において、この方法を模倣しました。教会の歴史を通じて、成功した精神的なリーダーは同じことをしてきました。リーダーが、世界にたどり着くための彼の方法においてイエスと交わったとき、神は全ての国々をしかるべきやり方で祝福します。私たちがイエスの方法に従い、神の栄光をこの国で見れますように！」

節を暗唱しなさい

コリント人への第一の手紙　第11章11節
わたしがキリストにならう者であるように、あなたがたもわたしにならう者になりなさい。

- 全員がたち、10回節を一緒に言って覚えましょう。最初の6回は、学習者は自身の聖書や生徒手帳を使います。最後の4回は、節を暗記して言います。学習者は、彼らが節を引用する度に、節の参照個所を言い、そして言い終えたときに座らなくてはいけません。
- この習慣に従うことで、トレーナーは、「練習」セクションにおけるレッスンを終えたのがどのチームかを知ることができます。

練習

「さあ、私たちが世界に到達するためのイエスの方法について学んだことを練習しましょう。私たちはお互いに、順番に方法を分かち合います。それから、私たちは他者を教える自信がつきます。」

- リーダー達をペアに分けなさい。

「1枚の紙を取りなさい。その紙を半分にしなさい。さあ、それを半分に私が見せたように折りなさい。これは、あなたが紙を開いたときにあなたに4つのパネルを与えます。」

- リーダーたちに、イエスの方法の絵を描き、お互いにそれを説明する練習をするよう言いなさい。双方のリーダーは同時にその方法の絵を描きます。しかし、1人の人だけが説明を分かち合います。リーダーは、絵を描いているので、『一途な信奉者の育成』のレッスンを復習する必要はありません。
- ペアの最初の人が絵を描き終わり、イエスの方法の絵を説明し終わったら、二人目の人が同様にします。双方のパートナーは、次は、新しい絵を描きます。パートナーは、それから、立って、あなたが先に教えたパターンに従い、10回、暗記した節を同時に言いましょう。

「2回絵を描き、暗唱した節を10回言い終えたら、他のパートナーを見つけて同じやり方でこのレッスンを練習しましょう。」

あなたが2人目のパートナーと練習し終えたら、違うパートナーを探しなさい。

「4人の異なる人と、イエスの世界に到達するための方法を描き、説明することを練習するまで、これを続けなさい。」

（この活動をリーダーが終えたとき、彼らはその紙の両面を、全部で8つのイエスの方法で埋めなくてはなりません。）

エンディング

イエスは、「私に従って来なさい」と言われた

> マタイによる福音書　第9章9節
> さてイエスはそこから進んで行かれ、マタイという人が収税所にすわっているのを見て、「わたしに従って来なさい」と言われた。すると彼は立ちあがって、イエスに従った。

「徴税人は、イエスの時代において最も軽蔑された人々でした。マタイは徴税人だったので、誰も、イエスが彼を呼ぶとは思っていませんでした。」

イエスがマタイを呼んだという事実は、過去よりも現在について彼は気にしているということを意味します。あなたは、あなたがあまりにも多くの罪を犯して来た為に、神があなたの人生に働きかけることはできないと考えるでしょう。あなたは、あなたが過去になした見解について恥じているでしょう。しかしながら、良き知らせは、神が今日イエスに従うことを選んだ人を誰でもお使いになる、ということです。神は、喜んで留まり、従う者を探しているのです。

私たちが誰かに従うとき、私たちは彼もしくは彼女を模倣します。弟子たちは、商売を学ぶために親方を模倣します。生徒は、その教師のようになります。私たちは皆、誰かを模倣します。私たちが模倣する人は、私たちがなる人なのです。

イエスの教えの布教トレーニングの目標は、リーダーたちにどのようにしてイエスを模倣するかを示すことです。私たちは、イエスを模倣すればするほど、彼の

ようになります。ですから、このトレーニングでは、私たちはリーダーシップの質問をして、聖書を学び、どのようにしてイエスが他者を導いたかを発見し、そして彼に従う練習をします。

- 尊敬されているリーダーに、世界に到達するためのイエスの方法に従うための祝福の祈りと献身でレッスンを終えるよう言いなさい。

2

イエスのようにトレーニングなさい

教会またはグループの成長においてよくある問題は、より多くのリーダーの必要性です。私たちは、従うべきシンプルなプロセスがないので、リーダーをトレーニングする努力はいつも人手不足に終わります。このレッスンの目標は、私たちがイエスを真似できるよう、イエスがリーダーのトレーニングをどのようにして行ったかを説明することにあります。

　イエスは、リーダーたちに彼らの伝導の進捗とリーダーたちが直面した問題について彼らに尋ねることによって、リーダーをトレーニングします。彼はまた、彼らのために祈り、さらなる伝導のため彼らが計画をたてる助けをします。彼らのトレーニングにおいて重要な部分は、彼らが未来の伝導において必要となるであろうスキルを練習することにありま

す。レッスン2では、リーダーは、彼らのグループに対し、イエスの世界に到達するための方法と同時に、このリーダーシップトレーニングのプロセスを当てはめます。最後に、リーダーは、トレーニング及び彼らがトレーニングしているリーダーたちの祈りをコーディネートする助けとなる「トレーニングの木」を育てます。

崇拝

- 共に、2つの礼拝の歌を歌いなさい。リーダーに、このセッションのために祈るよう言いなさい。

前進

- トレーニングにおける他のリーダーに、神がどのようにして彼または彼女のグループを祝福したかについての短い証言（3分間）を分かち合うように言いなさい。リーダーが証言を分かち合った後、グループに彼または彼女のために祈るよう言いなさい。

問題

「教会とグループは、彼らがより多くのリーダーを必要としていることを認識していますが、多くの場合、どのようにして新しい者をトレーニングすべきかを知りませんでした。現在のリーダーは、彼らが燃え尽きるまで、より多くの責任と仕事を負います。信奉者は、最終的にリーダーがあきらめるまで、より多くを要求し続けるのです。全ての文化と国における教会とグループは恒常的にこの問題に直面しています。」

計画

「私たちは、情熱的で、精神的なリーダーをトレーニングすることを学んでいます。このレッスンの目標は、私たちが彼を模倣できるようになるため、イエスがどのようにしてリーダーをトレーニングしたかを示すことです。」

復習

歓迎
誰が教会を設立しましたか？
どうしてそれは重要なのですか？
イエスはどのようにして彼の教会を建てましたか？
主によって強くなる 🖐
福音の共有 🖐
信奉者の育成 🖐
グループと教会の創始 🖐
リーダーの育成 🖐

> コリント人への第一の手紙　第11章1節　わたしがキリストにならう者であるように、あなたがたもわたしにならう者になりなさい。(NAS)

イエスはどのようにしてリーダーをトレーニングしましたか？

> ルカによる福音書　第10章17節
> 72人が喜んで帰ってきて言った、「主よ、あなたの名によっていたしますと、悪霊までがわたしたちに服従します。」(NLT)

前進

「使徒たちは彼らの伝導から戻り、イエスに彼らの前進を報告します。同様にして、私たちはリーダーと共に、私たちがトレーニングしていることを話します。私たちは、彼らの家族が何をしているかと、彼らの伝導における前進に個人的興味を示します。」

> 前進
> 両手をぐるぐる回して上に挙げなさい。

それから、弟子たちがひそかにイエスのもとにきて言った、「わたしたちは、どうして霊を追い出せなかったのですか。」(NLT)

問題

「使徒たちは彼らの伝導の間、問題に直面し、イエスになぜ彼らが失敗したのかを尋ねます。同様にして、私たちはリーダーたちと彼らの直面している問題について分かち合い、共に解決のために神を求めることができるようにします。」

> 問題
> あなたの頭の両側に手を当て、髪の毛を引っ張っているふりをしなさい。

ルカによる福音書　第10章1節
その後、主は別に72人を選び、行こうとしておられたすべての町や村へ、ふたりずつ先におつかわしになった。

計画

「イエスは信奉者たちにシンプルで、彼らの伝導において従うべき、精神的で、戦略的な計画をお与えになりました。同様にして、私たちはリーダーが、シンプルで、神に依拠していて、彼らの直面した問題に取り組んだ、彼らの『次の戦略』を作る助けをします。」

　🖐 計画
　　あなたの左手を紙のように広げて、あなたの右手に「書き」なさい。

ヨハネによる福音書　第4章1-2節
イエスがヨハネよりも多くの弟子をつくり、またバプテスマを授けておられるということを、パリサイ人たちが聞き、それを主が知られたとき、（しかし、イエスみずからが、洗礼をお授けになったのではなく、その弟子たちであった）。(NLT)

練習

「イエスではなく、使徒たちが、新しい信者を洗礼したという発見は、リーダーたちを驚かすでしょう。このようないくつかの事例においては、イエスは、彼が天国に戻られた後に、彼らが実行するであろう課題を使徒たちに実践させることをお許しになりました。同

様に、私たちはリーダーたちに、彼らがその伝導へと戻るときに必要とするスキルを練習する機会をリーダーたちに与えます。私たちは彼らに、練習し、過ちをおかし、そして自信を回復するための『安全地帯』を提供するのです。」

 練習
まるで重りを上げ下げしているかのように腕を上下させなさい。

ルカによる福音書 第22章31-32節
「シモン、シモン、見よ、サタンはあなたがたを麦のようにふるいにかけることを願って許された。しかし、わたしはあなたの信仰がなくならないように、あなたのために祈った。それで、あなたが立ち直ったときには、兄弟たちを力づけてやりなさい。」(CEV)

祈り

「イエスは既に、ペトロが 過ちを犯し、やめるつもりであったことをご存知でした。イエスはまた、祈りが私たちが神と歩むにあたって鍵となる力となり、忍耐力となることを知っていました。私たちが導いている者のために祈ることは、私たちが彼らに与えることのできる最も重要なサポートなのです。」

 祈り
伝統的な「祈りの手」のポーズをしてあなたの顔に近づけなさい。

節を暗唱しなさい

> ルカによる福音書　第6章40節
> 弟子はその師以上のものではないが、修行をつめば、みなその師のようになろう。(HCSB)

- 全員がたち、10回節を一緒に言って覚えましょう。最初の6回は、学習者は自身の聖書や生徒手帳を使います。最後の4回は、節を暗記して言います。学習者は、彼らが節を引用する度に、節の参照個所を言い、そして言い終えたときに座らなくてはいけません。
- この習慣に従うことで、トレーナーは、「練習」セクションにおけるレッスンを終えたのがどのチームかを知ることができます。

練習

- リーダーたちを4つのグループに分けなさい。
- 段階的なトレーニングのプロセスを通じてリーダーの周りを歩き、以下のセクションについて論じるために、7-8分をそれぞれ与えなさい

復習

「世界に到達するためのイエスの計画の5つの部分は何ですか？」

- リーダーが答える度に、図形をホワイトボードに描きなさい。

前進

「あなたのグループにとって、世界に到達するためのイエスの計画のうち、最も簡単なものは何ですか？」

問題

「世界に到達するためのイエスの計画に従う上であなたのグループが直面した問題点を分かち合いなさい。あなたのグループにとって、イエスの計画のうちのどの部分が最も困難でしたか？」

計画

「世界に到達するためのイエスの計画により効率的に従うため、次の30日の間、あなたのグループがなすようあなたが導く課題を分かち合いなさい。」

- 後で相手のために祈ることができるよう、全員が、パートナーの計画を録音しましょう。

練習

「次の30日間、あなたのグループのリーダーとしてあなたを向上させる1つのスキルを分かち合いなさい。」

- 後で相手のために祈ることができるよう、全員が、パートナーの計画を録音しましょう。
- 彼らが練習するスキルについてそれぞれの人々が分かち合った後に、グループのメンバーは、立って、10回暗記した節を唱えます。

祈り

「あなたの小さなグループにおいて、お互いの計画と次の30日間、リーダーとして向上するためにあなたが練習するスキルのために祈る時間をとりなさい。」

エンディング

トレーニングの木

「『トレーニングの木』は私たちが、リーダーになるようトレーニングしている人々を組織し、彼らのために祈るために便利なツールです。

- ホワイトボードに、木の幹、木の根、そして草の高さを示すラインを描きなさい。

「私はこのようにして私のトレーニングの木を描き始めます。幹を描いて、それから根を描いて、最後に草を描きます。聖書は、私たちがキリストに根ざしていると説きますから、私は彼の名をここに書きます。この絵は私のトレーニングの木ですから、私は幹のところに私の名前を書きます。」

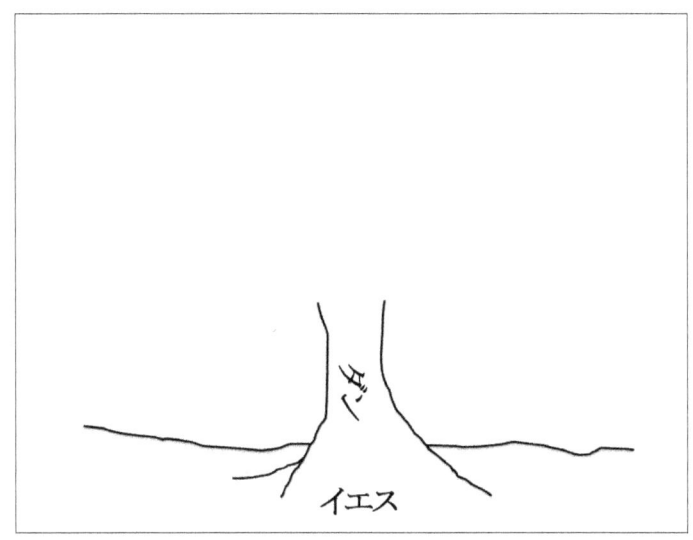

- 根もとの辺りを「イエス」と名付け、あなたの名前を木の幹のところに書きなさい。

  「イエスは、ペテロ、ヤコブ、ヨハネの3人とともに、彼のリーダーシップのトレーニングに力を注いできました。私は彼の真似をしたいので、私は同じことをします。神は、私のトレーニングのため一緒に力を注ぐ3人のリーダーを私にお与えになりました。」

- 木の幹から、上へ下へと3つの線を描きましょう。それぞれの線のてっぺんに、あなたが訓練している主な3人の名前を書きましょう。

  「イエスは、3人を訓練し、彼らにどのようにして他者をトレーニングするかをお示しになりました。もし、それぞれの人が（イエスのように）3人の他の人を訓練したのならば、全文で12になるでしょう。うむ。イエスには12人の使徒がいますね。面白いでしょう？」

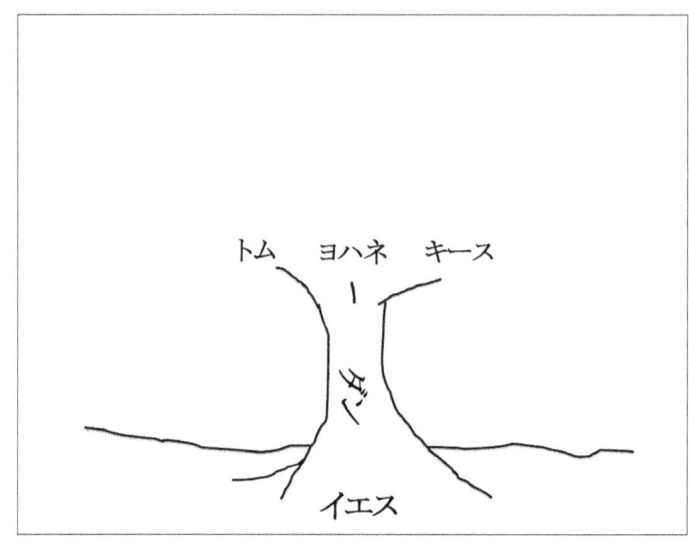

- あなたのトレーニングした3人の主なリーダーそれぞれから、上へ、外側へと3つの線を引きなさい。それぞれの線のてっぺんに、あなたの主なリーダーが訓練している人の名前を書きましょう。あなたのトレーニングの木について、聖霊があなたにもたらした話を何でも分かち合いましょう。あなたの木を完成させるため、葉を木の周りに描きましょう。

「私は今や、あなたにあなた自身の『トレーニングの木』を描いて欲しく思います。あなたは名前のうちのいくつかを『確信して』書かなくてはいけませんが、トレーニングの木に、12人の人々がいる状態になるようベストを尽くさなくてはなりません。最初の3つの枝は、あなたがトレーニングするつもりの主なリーダーです。彼らはそれぞれ、トレーニングの時間のほとんどを共に過ごすリーダーを含む3つの枝を手にしています。」

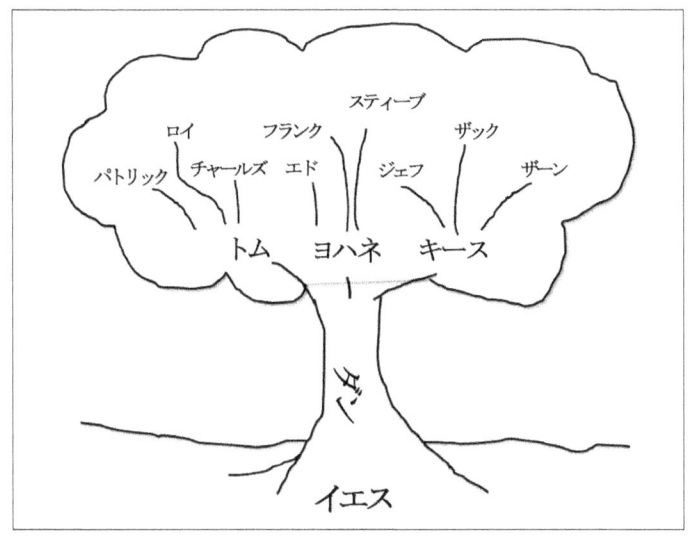

- 「トレーニングの木」をリーダーが描いている間、以下のことを共有しなさい：

「私はいつも、『どのようにしてリーダーをトレーニングすればよいのですか？』と聞かれます。イエスは求めよ、されば与えられん、と仰せになりました。あなたがあなたが必要なものを神に求めましたか？このトレーニングは、あなたに、あなたがリーダーたちをトレーニングするにあたって必要となるツールを与えます。」

他の人は言います、「私は、リーダーとしてトレーニングできそうな人を誰も知りません」、と。イエスは探せ、されば見つからん、と仰せになりました。あなたはトレーニングすべき人々を探しましたか？それとも、あなたのところにくるのを待っていましたか？イエスは、「待て」ではなく「探せ」とおっしゃいました。

他の人はそれでもなお、「私はどこでリーダーをトレーニングし始めればいいですか？」と聞きます。イエスは、門をたたけ、されば開かれん、と仰せになりました。あなたは門を叩いていましたか？神は、信念のこの最初のステップを私たちが踏み出したとき、私たちを祝福なさいます。

多くの場合、私たちが「トレーニングの木」を持っていない理由は、私たちが尋ねず、叩かず、探していないからです。私たちがイエスの命令に心の底から従うとき、神は私たちに私たちが想像出来る以上のトレーニングの機会を下さいます。

このツールは、あなたが、他のリーダーたちの前進、問題、計画、練習、そして祈りを見守る助けとなります。

- グループ内のリーダーに、祈りのうちにセッションを終えるよう言いなさい。

「私たちのトレーニングの木におけるリーダーと私たちが小さなグループにおいて立てたプランのために祈りなさい。私たちが来月、リーダーとして向上するための練習用に私たちが使うアイテムのために祈りなさい。」

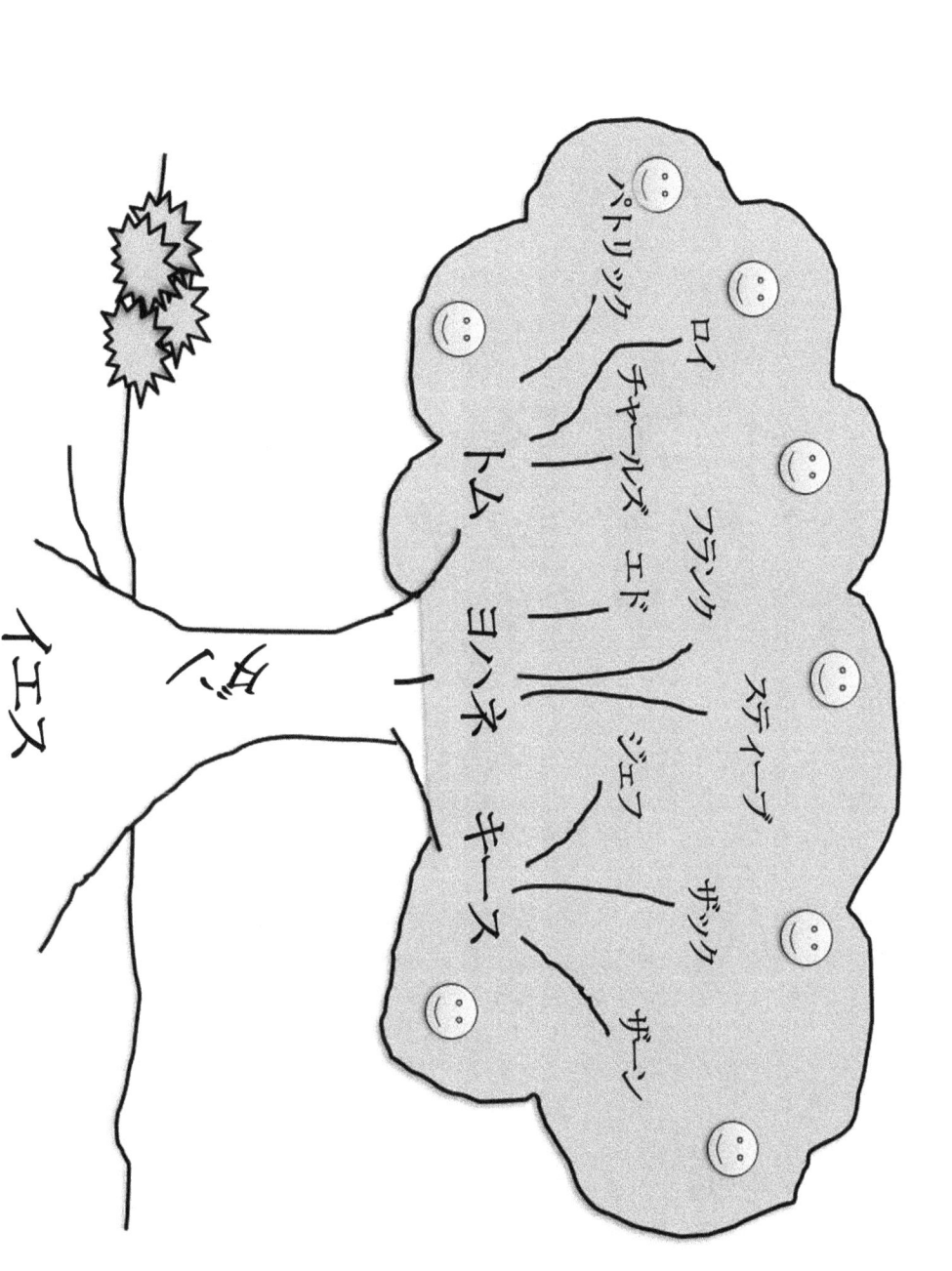

3

イエスのように導きなさい

　イエス・キリストはいつの時代も偉大なリーダーです。彼ほど多く他の人々に影響を与えた人はいません。レッスン3は、イエスのリーダーシップのスタイルに則り、偉大なリーダーの7つの資質を紹介します。リーダーたちは、それから、彼ら自身のリーダーシップ経験の強みと弱みを反映させます。チーム構築のゲームは、「分かち合われたリーダーシップ」の力を教えるセッションで終わります。

　リーダーの心においては、何もかもが起こっては消えていきます。私たちは、イエスがどのようにして信奉者を導いているかを見ることで、真似することができます。イエスは、最後まで彼らを愛し、自身のミッションを理解し、グループにおける問題点を知り、彼の信奉者に従うべき例を与え、優しさで向き合い、そして彼の信仰を神が祝福していることを知っていました。すべてが私たちの心から溢れ出します。したがって、私たちの心の在り方こそが、私たちがリーダーとして始めるべき場所なのです。

崇拝

- 2つの合唱歌もしくは賛美歌を一緒に歌ってください。

前進

- トレーニングにおける他のリーダーに、神がどのようにして彼または彼女のグループを祝福したかについての短い証言（3分間）を分かち合うように言いなさい。リーダーが証言を分かち合った後、グループに彼または彼女のために祈るよう言いなさい。
- 代わりに、「前進、問題、計画、練習、祈り」のリーダーシップのトレーニングの過程を使って、リーダーと一緒にコーチの時間のひな型を作りなさい。

問題

「この世は、異なるリーダーシップのスタイルを有するリーダーで溢れています。イエスに従う者として、私のリーダーシップのスタイルはどのようであるべきでしょうか？」

計画

「イエスは、全ての時代における最も偉大なリーダーです。彼ほど頻繁に、多くの人々に影響を与えた人はいません。このレッスンでは、私たちは、イエスがどのようにして信奉者を導いているかを見ます。このことによって、私たちは彼を真似することができます。」

復習

歓迎
　誰が教会を設立しましたか？
　どうしてそれは重要なのですか？
　イエスはどのようにして彼の教会を建てましたか？
　　主によって強くなる 🖐
　　福音の共有 🖐
　　信奉者の育成 🖐
　　グループと教会の創始 🖐
　　リーダーの育成 🖐

> コリント人への第一の手紙　わたしがキリストにならう者であるように、あなたがたもわたしにならう者になりなさい。(NAS)

イエスのようにトレーニングなさい。
　イエスはどのようにしてリーダーをトレーニングしましたか？
　前進 🖐
　問題 🖐
　計画 🖐
　練習 🖐
　祈り 🖐

> ルカによる福音書　第6章40節　弟子はその師以上のものではないが、修行をつめば、みなその師のようになろう。(HCSB)

イエスは、誰が最も偉大なリーダーであると言いましたか？

そこで、イエスは彼らを呼び寄せて言われた、「あなたがたの知っているとおり、異邦人の支配者

たちはその民を治め、また偉い人たちは、その民の上に権力をふるっている。あなたがたの間ではそうであってはならない。かえって、あなたがたの間で偉くなりたいと思う者は、仕える人となり、あなたがたの間でかしらになりたいと思う者は、僕とならねばならない。それは、人の子がきたのも、仕えられるためでなく、仕えるためであり、またおおくの人のあがないとして、自分の命をあたえるためであるのと、ちょうど同じである。」(NLT)

「最も偉大なリーダーは、偉大な召使いです。」

✋ 兵士のように挨拶して、手を合わせて召使いのようにお辞儀をしなさい。

偉大なリーダーの7つの資質とは何ですか？

ヨハネによる福音書　第13章1-17節
¹過越の祭の前に、イエスは、この世を去って父のみもとに行くべき自分の時がきたことを知り、世にいる自分の者たちを愛して、彼らを最後まで愛し通された。
²夕食のとき、悪魔はすでにシモンの子イスカリオテのユダの心に、イエスを裏切ろうとする思いを入れていたが、
³イエスは、父がすべてのものを自分の手にお与えになったこと、また、自分は神から出てきて、神にかえろうとしていることを思い、
⁴夕食の席から立ち上がって上着を脱ぎ、手ぬぐいをとって腰に巻き、
⁵それから水をたらいに入れて、弟子たち足を洗い、腰に巻いた手ぬぐいでふき始められた。

⁶こうして、シモン・ペテロの番になった。すると彼はイエスに、「主よ、あなたがわたしの足をお洗いになるのですか」と言った。
⁷イエスは彼に答えて言われた、「わたしのしていることは今あなたにはわからないが、あとでわかるようになるだろう。」
⁸ペテロはイエスに言った、「わたしの足を洗わないで下さい。」イエスは彼に答えられた、「もしわたしがあなたの足を洗わないなら、あなたはわたしとなんの係わりもなくなる。」
⁹シモン・ペテロはイエスに言った、「主よ、では、足だけではなく、どうぞ、手も頭も。」
¹⁰イエスは彼に言われた、「すでにからだを洗った者は、足のほかは洗う必要がない。全身がきれいなのだから。あなたがたはきれいなのだ。しかし、みんながそうなのではない。」
¹¹イエスは自分を裏切る者を知っておられた。それで、「みんながきれいなのではない」と言われたのである。
¹²こうして彼らの足を洗ってから、上着をつけ、ふたたび席にもどって、彼らに言われた、「わたしがあなたがたにしたことがわかるか。
¹³あなたがたはわたしを教師、また主と呼んでいる。そう言うのは正しい。わたしはそのとおりである。
¹⁴しかし、主であり、また教師であるわたしが、あなたがたの足を洗ったからには、あなたがたもまた、互いに足を洗い合うべきである。
¹⁵わたしがあなたがたにしたとおりに、あなたがたもするように、わたしは手本を示したのだ。
¹⁶よくよくあなたがたに言っておく、しもべはその主人にまさるものではなく、つかわされた者はそのつかわした者にまさるものではない。
¹⁷もしこれらのことがわかっていて、それを行うなら、あなたがたはさいわいである。」

1. 偉大なリーダーは人々を愛します

「第1章では、イエスと弟子たちはイエスが十字架にかけられる前に最後の晩餐を分かち合っていました。聖書は、最後までイエスが彼らを愛していらっしゃり、彼らへの愛の大きさをこの晩餐において示されたかを記しています。」

リーダーにとって、人々が間違いを犯したときに彼らを愛することは難しいですが、イエスは彼がお導きになった人々を最後まで愛されました。

リーダーにとって、人々があなたを批判したときに彼らを愛することは難しいですが、イエスは彼がお導きになった人々を最後まで愛されました。

リーダーにとって、人々があなたを落胆させたときに彼らを愛することは難しいですが、イエスは彼がお導きになった人々を最後まで愛されました。

- 人々を愛しなさい
  胸を手で叩きなさい。

2. 偉大なリーダーは彼らのミッションを知っています

聖書は、第3節において、イエスが彼らがどこから来て、どこへ行き、そして神が彼の力の下に全てを授けたことを知っていた、と記しています。

イエスは、彼がある目的のために地上に来たことを知っていました。

イエスは、私たちの罪のために十字架の上で死ぬために地上に来たことを知っていました。

イエスは、悪魔を倒し、私たちを神の下に再び帰させるために地上に来たことを知っていました。

神は、それぞれの人に、地上にいる間に達するべき独自のミッションを与えました。偉大なリーダーたちは自身のミッションを知っており、他者が彼らに従うよう刺激を与えるのです。

> 🖐 ミッションを知っていらっしゃいます
> まるで兵士のように挨拶して「はい」、と頭をふりなさい。

3. 偉大なリーダーはその弟子に仕えます

第4節において、イエスは夕食の席から立ち上がって上着を脱ぎました。それから、手ぬぐいをとって腰に巻き、使徒の足を拭き始めました。

世界のリーダーたちは、弟子に、彼らに仕えることを期待しています。しかし、イエスのようなリーダーたちは、その弟子に仕えます

世界のリーダーたちは、彼らが導く人々をコントロールするよう尽力し、力を有します。其れにも拘わらず、イエスのようなリーダーは、彼らに従う人々に権限を与えるのです。

「世界的に見て、リーダーたちは、彼らの導いている人々ではなく、彼ら自身に焦点を当てています。それに反し、イエスのようなリーダーたちは、彼らが他者を気遣うとき、神が彼ら自身の要求を満たして下さる

ことを知っているので、彼らの弟子の要求に焦点を当てています。」

> 🖐 彼らの弟子に仕えなさい
> 両手で伝統的な祈りのポーズをして、おじぎをしなさい。

4. 偉大なリーダーたちは、優しさによって正します

「第6節から9節において、ペトロはいくつかの過ちを犯しましたが、その都度、イエスは優しさでもって彼を正しました。」

ペトロは、イエスに、彼の足を洗わないように言いました。イエスは、彼らの友情のためにそのことが必要であると伝えました。彼は優しさをもって彼を正しました。

ペテロはそれから、イエスに彼らの体全体を洗うよう言いました。イエスは、彼がもうすでに清潔であることを伝えました。彼は優しさをもって彼を正しました。

世界のリーダーたちは、人々を批判し、罵倒し、押しのけます。イエスのようなリーダーたちは、優しさをもって正し、その弟子を励まし、そして人々を引き上げます。

> 🖐 優しさで正しなさい
> 両手の人差し指と親指でハートの形を作りなさい。

5. 偉大なリーダーたちは、グループ内における現在の問題を知っています

「第10節と第11節において、聖書は、イエスは、ユダがグループ内の問題であり、彼を裏切ったであろうことをご存知であったことを伝えています。

グループにおける問題の所在を理解し、それと向き合うことは、リーダーシップにおける重要な部分です。多くのリーダーたちは、彼らのグループに対する諸問題から隠れようとしますが、問題はただ大きくなるばかりです。

イエスがユダとの取引においてどれほど慎みをお示しになったかに気付きなさい。彼は、リーダーたち自身ではなく、神こそが悪の行いに報いる者であることをご存知だったのです。」

> 🖐 グループにおける問題
> まるで頭痛持ちかのように、頭の側に手を置きなさい。

6. 偉大なリーダーたちは従うべき良い例を見せます

「第12節から16節において、イエスは何故彼が弟子の足を洗ったのかが説明されています。彼は彼らのリーダーでしたが、彼は召使いの役目であるところの、彼らの足を洗うことをしました。イエスは、リーダーシップはお互いに仕えるということを含むということを弟子にお示しになりました。

信奉者は、リーダーを反映し、模倣します。もし、私たちがイエスに従うのならば、私たちをリーダーと見

做して従っている人たちもまた、イエスに従っているのです。

- 良い例を与えなさい
  天を指差して、首を「はい」とふりなさい。

7. 偉大なリーダーたちは彼が祝福されていることを知っています

「第17節において、イエスは弟子たちに、彼らが他者に仕えることによって、彼らを導いたときに神が彼らを祝福すると告げました。」

他者を導くことは時に難しいことですが、イエスに従う者たちは彼らが祝福されていることを知っています。

他者を導くことは時に孤独なことですが、イエスは彼の存在によって導く者を祝福なさいます。

弟子たちはいつもリーダーに感謝しているわけではありませんが、イエスは、私たちが他者に仕えることによって彼の例に従うとき、神の助けを約束なさいます。

- 彼らが祝福されていることを知っています
  崇拝の手を天に掲げなさい

節を暗唱しなさい

ヨハネによる福音書　第13章14-15節
しかし、主であり、また教師であるわたしが、あなたがたの足を洗ったからには、あなたがたもまた、互いに足を洗い合うべきである。わたしがあ

なたがたにしたとおりに、あなたがたもするように、わたしは手本を示したのだ。

- 全員がたち、10回節を一緒に言って覚えましょう。最初の6回は、学習者は自身の聖書や生徒手帳を使います。最後の4回は、節を暗記して言います。学習者は、彼らが節を引用する度に、節の参照個所を言い、そして言い終えたときに座らなくてはいけません。
- この習慣に従うことで、トレーナーは、「練習」セクションにおけるレッスンを終えたのがどのチームかを知ることができます。

練習

- リーダーたちを4つのグループに分けなさい。

  「今、私たちは、このリーダーシップのレッスンの中で学んだことを練習するために、イエスが使われたのと同じトレーニングの過程を用います。」

- 段階的なトレーニングのプロセスを通じてリーダーの周りを歩き、以下のセクションについて論じるために、7-8分をそれぞれ与えなさい。

前進

「あなたのグループと共に、7つの偉大なリーダーの資質のうち、あなたにとって最も簡単なものは何かを分かち合いなさい。」

問題

「あなたのグループと共に、7つの偉大なリーダーの資質のうち、あなたにとって最も困難なものは何かを分かち合いなさい。」

計画

「次の30日の間、彼らがイエスのリーダーシップの例に従う助けとなる1つの課題を分かち合いなさい。」

- 後で相手のために祈ることができるよう、全員が、パートナーの計画を録音しましょう。

練習

「次の30日間、あなたのグループのリーダーとしてあなたを向上させる1つのスキルを分かち合いなさい。」

- 後で相手のために祈ることができるよう、全員が、パートナーの計画を録音しましょう。
- 彼らが練習するスキルについてそれぞれの人々が分かち合った後に、グループのメンバーは、立って、10回暗記した節を唱えます。

祈り

「お互いの計画と次の30日間、リーダーとして向上するためにあなたが練習するスキルのために祈る時間をとりなさい。」

エンディング

チンロン

- 6人のボランティアに、グループにおけるチンロン*の能力を示すよう言いなさい。6人が、部屋の中心で円をなす助けをしなさい。

    「私はこれらの技術を示すため、有名なチンロンのチームをアレンジしました。それらが来ることへの感謝を示すため、私たちの手をたたきましょう。」

- 「リーダー」として、グループの前で、1人との人と一緒に祈りをアレンジしなさい。他の人々に、リーダーの方を向いて2つの列を作るよう言いなさい。

    「まず、私たちの有名なチンロンのグループは、どのようにしてチンロンをプレイするかを『ギリシャ』方式で示します。彼らの従うルールに耳を傾けなさい。それぞれの人は、リーダーに向かってチンロンの玉を蹴る必要があります。私たちは、リーダーではなく他のプレイヤーに玉をけったプレイヤーを罰します。」

- チームに対し、チンロンをプレイするための「ギリシャ式」のやり方を示しなさい。このようなやり方でのチンロンはぎこちなく、プレイヤーにとって紛らわしいでしょう。ユーモラスなやり方においては、リーダーではなく他のプレイヤーに玉をけったプレイヤーをつかみます。「ペナルティ！」と叫び、彼らの誤りを正し、彼らに他のプレイヤーではなくリーダーのみに対して玉をけるべきであることを示します。

「このようにチンロンをプレイした場合、何が起こるでしょう？」（このようなルールでチンロンをプレイすることは困難です。プレイヤーは退屈に見えます。それは面白くありません。）

- さあ、プレイヤーに、「リーダー」を中央に置きつつ、通常のチンロンの円を作るよういいなさい。

「今度は、ヘブライ式を用いてチンロンのグループを作りますが、リーダーが全てをコントロールしようとします。私たちは、前と同じルールを使います。プレイヤーは、他者ではなく、リーダーに向かってチンロンの玉を蹴る必要があります。」

- チームは、今度はより良いパフォーマンスを見せますが、数分間プレイした後、リーダーは疲れた兆候を見せるでしょう。もし、リーダーではなく他のプレイヤーに玉をけったプレイヤーがいた場合は、ユーモラスなやり方でペナルティを叫びなさい。

「このようにチンロンをプレイした場合、何が起こるでしょう？」（リーダーはよく働き、とても疲れてしまいます。プレイヤーたちは多くの過ちを犯します。それは退屈です。）

- プレイヤーたちに対し、リーダーを含む、全ての人々が伝統的なチンロンの円を作るようにさせなさい。逐一、玉をリーダーに対して蹴らなくて良いと伝えなさい。いつも彼らがやるようなやり方で、チンロンをプレイするよう言いなさい。

「さあ、私たちは真のヘブライ式でチンロンをどのようにプレイするかを示す有名なチンロンチームを手にするでしょう。」

- セミナーにおける全ての人々がそれらを見ることを楽しみ、そのプレイについてコメントを残すまで数分間プレイさせなさい。

「このようにしてチンロンをプレイしたとき、何が起こりますか？（全てのチームが参加します。全てのチームは成功します。彼らは、驚くべきプレイをします。）」

チンロンの第3のプレイ方法は、奉仕するリーダーシップの良い例です。リーダーは、グループの全ての人々が、参加し、貢献する助けとなります。リーダーは、全てを管理するわけではありませんが、他者に彼らのユニークな在り方を表現させる自由を与えます。これは、イエスが私たちに従うようにお与えになったリーダーシップの例です。

- グループ内のリーダーに、祈りのうちにセッションを終えるよう言いなさい。

「イエスのように導くためのリーダーとしての我々と私たちが小さなグループにおいて立てたプランのために祈りなさい。私たちが来月、リーダーとして向上するための練習用に私たちが使うスキルのために祈りなさい。」

*チンロンとは、主にミャンマーの男性によってプレイされるゲームのことです。参加者は円をつくり、足だけを使ってトウの玉をパスします。チンロンの目標は、なるべく長くの間、ボールが地面に落ちるのを防ぐことです。プレイヤーはいつも完璧な特別なキックをして、他者を圧倒させるために動きます。パスの高さと正確さが、傍観者や参加者から賞賛されます。

人々はアジア中でチンロンをプレイしますが、それぞれの国毎に異なった名前がこのゲームにはあります。あなたがトレーニングしているエリアにおけるゲームの名前を、現地の住民に尋ねてみましょう。

もし、あなたが、「チンロン」のようなゲームのないエリアでトレーニングしているリーダーであるならば、あなたは玉をハッキーサックで代用することができます。同じトレーニングのポイントを用いるため、風船を使いなさい。

4

強く生きよ

　あなたがトレーニングするリーダーはグループを導き、他者を導くことがどんなに困難であるかを学びます。リーダーたちは、彼らのグループの外部やグループ内での人格の違いから、しかるべき精神的攻撃を受けます。効果的なリーダーシップの鍵は、異なった人格のタイプを特定し、チームとして、どのようにして効果的に働くかを知ることです。「強く生きよ」のレッスンは、リーダーたちに、彼らの人格のタイプを発見する助けとなるシンプルなやり方を与えます。私たちがどのようにして神が私たちをお造りになったかを理解するとき、私たちはどのようにして彼の内に強く生きることができるかについての確固たる解決策を有しているのです。

　8つの人格のタイプがあります：兵士、探求者、羊飼い、種をまく人、息子／娘、聖なる神、召使い、財産管理人です。リーダーがこれらのタイプを発見するのを手伝った後、トレーナーたちはそれぞれのタイプの強みと弱みを議論します。多くの人々は、神が、彼らの文化において最も重んじているタイプを愛していらっしゃると思っています。他のリーダーたちは、リーダーシップの能力は人格に依拠すると信じ

ています。これらの限られた考え方は、単純に、間違いです。このセッションは、リーダーたちに、人々を個別に扱うべきであると強調して終わります。リーダーシップのトレーニングは、個々の要求に応じてなされるべきであり、一括でなされるべきものではありません。

崇拝

- 共に、2つの礼拝の歌を歌いなさい。リーダーに、このセッションのために祈るよう言いなさい。

前進

- トレーニングにおける他のリーダーに、神がどのようにして彼または彼女のグループを祝福したかについての短い証言（3分間）を分かち合うように言いなさい。リーダーが証言を分かち合った後、グループに彼または彼女のために祈るよう言いなさい。
- 代わりに、「前進、問題、計画、練習、祈り」のリーダーシップのトレーニングの過程を使って、リーダーと一緒にコーチの時間のひな型を作りなさい。

問題

「リーダーたちは、しばしば、誤って、彼らの弟子に同じように行動し、リアクションをとることを期待してしまいます。神は、しかしながら、多くの異なる人格によって人々を創造なさいました。1つの有効なリーダーシップは、異なった人格のタイプを認識し、彼らと一緒にチームとしてどのように最も効果的に働くかを学ぶことです。

イエスは息子であり、彼の家族をいっぱいにするための愛と団結を欲しています。異なる人格を理解することは、他者をよりよく愛する助けとなります。

計画

「このレッスンにおいて、私たちは8つの異なる人格タイプについて学びます。あなたは、どの人格タイプを神があなたにお与えになり、そして他者にどのようにして彼ら自身の人格タイプを認知させる助けとなるかを見出すでしょう。全ての信者は、神がどのようにして彼らを創ったかを理解するとき、神の下で強く生きることができるのです。」

復習

歓迎
誰が教会を設立しましたか？
どうしてそれは重要なのですか？
イエスはどのようにして彼の教会を建てましたか？
主によって強くなる 🖐
福音の共有 🖐
信奉者の育成 🖐
グループと教会の創始 🖐
リーダーの育成 🖐

コリント人への第一の手紙　第11章1節　わたしがキリストにならう者であるように、あなたがたもわたしにならう者になりなさい。（NAS）

イエスのようにトレーニングしなさい
　イエスはどのようにしてリーダーをトレーニングしましたか？
　　前進 ✋
　　問題 ✋
　　計画 ✋
　　練習 ✋
　　祈り ✋

> ルカによる福音書　第6章40節　弟子はその師以上のものではないが、修行をつめば、みなその師のようになろう。（HCSB）

イエスのように導きなさい
　イエスは、誰が最も偉大なリーダーであると言いましたか？ ✋
　偉大なリーダーの7つの資質とは何ですか？
　　1. 偉大なリーダーは人々を愛します ✋
　　2. 偉大なリーダーは彼らのミッションを知っています ✋
　　3. 偉大なリーダーはその弟子に仕えます ✋
　　4. 偉大なリーダーたちは、優しさによって正します ✋
　　5. 偉大なリーダーたちは、グループ内における現在の問題を知っています ✋
　　6. 偉大なリーダーたちは従うべき良い例を見せます ✋
　　7. 偉大なリーダーたちは彼が祝福されていることを知っています ✋

> ヨハネによる福音書　第13章14-15節　しかし、主であり、また教師であるわたしが、あなたがたの足を洗ったからには、あなたがたもまた、互いに足を洗い合うべきである。わたしがあなたがたにしたとおりに、

あなたがたもするように、わたしは手本を示したのだ。

神があなたにお与えになった人格はどれですか？

- リーダーたちに、彼らのノートの新しい1シートの上に大きな円を描くよう言いなさい。

 「私が表現している円は、世界の全ての人々です。」

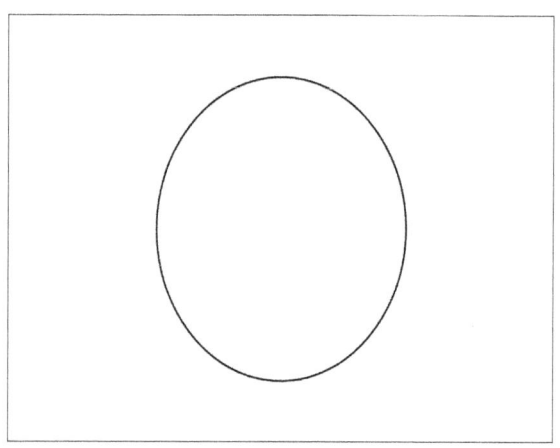

- リーダーたちに、円を半分に分ける水平線を描く用言いなさい。円の右側に「関係性」と名付け、左側を「タスク」と名付けなさい。

 「全ての人々は2つのグループのうちの1つに分類されます。より『タスクに焦点を当てた』人々と、『関係性に焦点を当てた』人々がいます。神は両方のタイプの人々をお造りになりましたから、どちらがよくてどちらが悪いということではありません。これは単に、神が人々をお創りになったやり方なのです。あなたがどんな人であるかを示す最も適切な線上の点を選びなさい。」

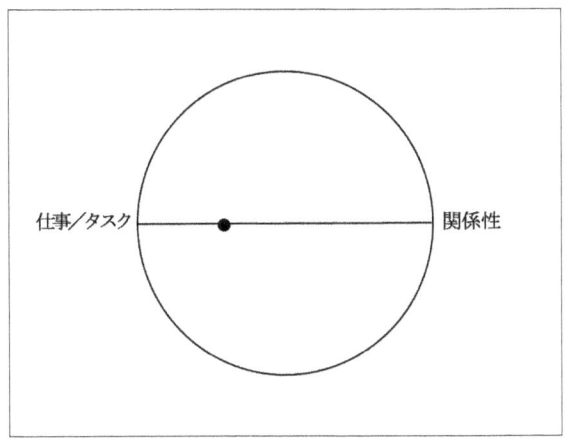

（最もタスク重視型の人は、ドットを線上の左側付近に付けるでしょう。より、関係性重視型の人は、ドットを線上の右側付近に付けるでしょう。もし、その人がタスクを重視する割合と関係性を重視する割合が半々なら、線の真ん中付近の、どちらか寄りに印を付けるよう言いなさい。）

「周りの人々と結果を分かち合い、周りの人があなたが選んだ点に同意するかどうか見なさい。これをなすため、5分間とりなさい。」

- 円を4つの等しい部分に分けるよう垂直な線を描くようリーダーに言いなさい。円の上部を「外向的」、下を「内向的」と名付けなさい。

「全ての人々は2つのグループのうちの1つに分類されます。より『外』思考な人々（外交的）と、『内』思考な人々（内向的）がいます。どちらがよくてどちらが悪いということではありません。これは単に、神が人々をお創りになったやり方なのです。

あなたがどんな人であるかを示す最も適切な線上の点を選びなさい。」

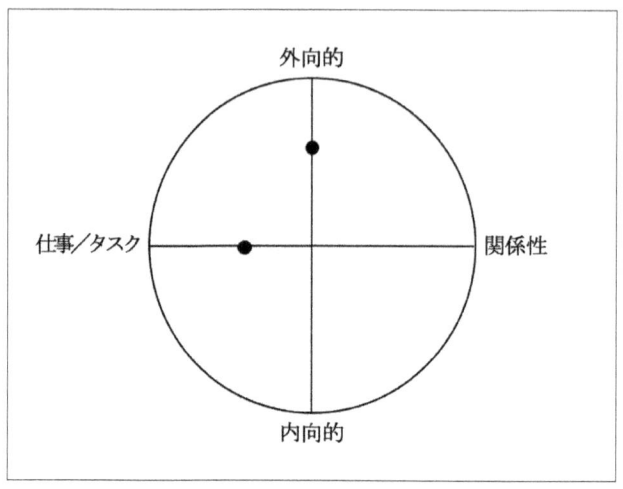

（外向的な人は、ドットを線上の上側付近に付けるでしょう。より、内向的な人は、ドットを線上の下側付近に付けるでしょう。もし、その人がタスクを重視する割合と関係性を重視する割合が半々なら、線の真ん中付近の、どちらか寄りに印を付けるよう言いなさい。）

「周りの人々と結果を分かち合い、周りの人があなたが選んだ点に同意するかどうか見なさい。これをなすため、5分間とりなさい。」

- 円を8つの等しいピースに分ける、2本の対角線状の線を描くようリーダーに言いなさい。
- リーダーたちはそれから、彼らの人格がどの部分に収まるのかを定めるドット線の箱を描きます。
- 以下の図は、探求者の人格を有する人のダイアグラムの完成図です。

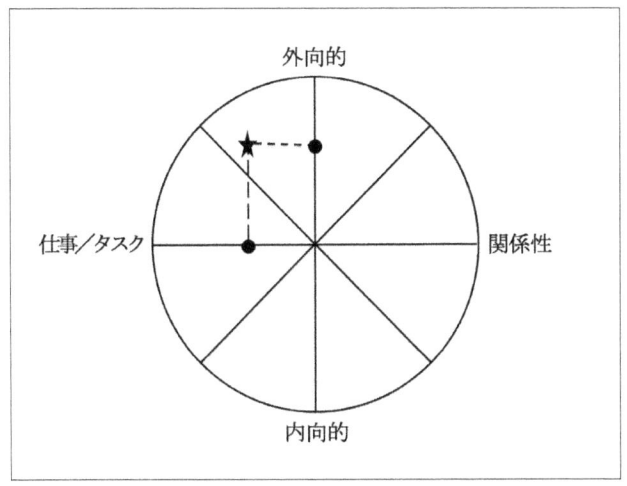

- 9:00-10:30の部分から始まって、時計回りに、以下の8種類の人格を説明します。
- それぞれのポジティブな点とネガティブな点を説明するとき、人格のタイプの名前を空白部分に記しなさい。

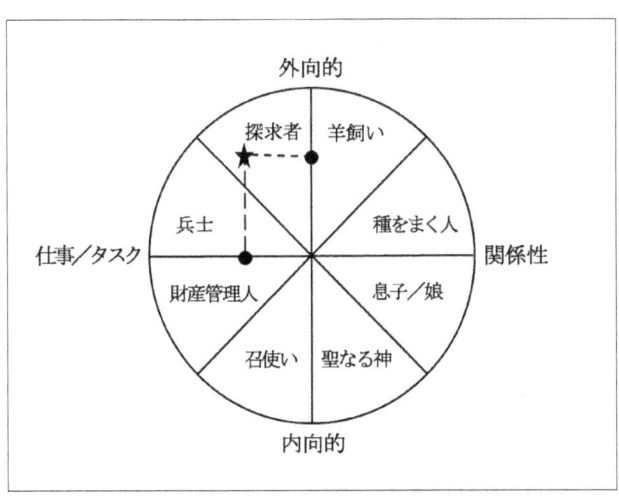

兵士

- 非常にタスク重視、どちらかというと外交的
- ポジティブな点：勝利のために何が必要かを探し、断固たる、高貴な「何が何でも」の態度。
- ネガティブな点：支配的で、インセンティブ重視で、戦いには勝つが戦争には負ける可能性あり。

探求者

- 非常に外交的、どちらかというとタスク重視
- ポジティブな点：新しい機会、ネットワークをよく探す、起業家。
- ネガティブな点：快楽を追究し、1つの物事に集中することができず、新しいものが常に良いものだと考えがち。

羊飼い

- 非常に外交的、どちらかというと関係性重視
- ポジティブな点：人々の精神的要求を探求し、グループを導くことを楽しみ、感情的葛藤において人々を励ます。
- ネガティブな点：ボス的で、徒党を組みやすく、既存のリーダーシップと協力することに反抗しがち。

種をまく人

- 非常に関係性重視、どちらかというと外交的
- ポジティブな点：人々の可能性を探り、自分自身を良きものとし常に見守る
- ネガティブな点：けんかの種を蒔いたり、落胆に苦しんだり、自分の好きなことについて語りすぎがち。

息子または娘

- 非常に関係性重視、どちらかというと内交的
- ポジティブな点：「家族の一員」と感じるために何が他人にとって重要かを探り、平和を保ち、そして、個人の重要性を強調する
- ネガティブな点：家族が「ベスト」であると神事、嫉妬深く不安定である可能性あり。

聖なる人

- 非常に内向的、どちらかというと関係性重視
- ポジティブな点：人々が神とつながる方法を探り、伝統を守り、共同体の内なる声である。
- ネガティブな点：「聖人ぶった」ように見える可能性があり、他者を受け入れることに苦しみ、時に立法主義になりがち。

召使い

- 非常に内向的、どちらかというとタスク重視
- ポジティブな点：どのようにして人々の実際的なニーズに答えるかを探し、忠実で、場面の裏方で最も良く働く。
- ネガティブな点：他者に仕えるが、自身の家族を顧みず、変化をゆっくり受け入れ、大きな絵を見ることに困難を覚えがち。

財産管理人

- 非常にタスク重視、どちらかというと内向的

- ポジティブな点：リソースを組織化する最善策を探し、賢明で、実践的である。
- ネガティブな点：官僚主義の泥沼にはまりがちで、共感能力に乏しく、人々の実際に必要とするものに対する組織化の必要性をもたらしがち。

「あなたのパートナーに、8つの人格のうち、自分がどのようであるかを示し、例を挙げなさい。」

神はどの人格のタイプを最も愛されていますか？

- リーダーたちに、この点について議論させなさい。彼らの答えは、あなたに、彼らの文化についての鋭い識見を与えます。全ての文化は、その他のものよりも1つまたは2つの価値を重んじがちです。

「神はそれぞれの人格のタイプを創られ、それを終えた後、彼は『これは良い』とおっしゃいました。全てが、彼のお気に入りなのです。」

どの人格タイプが最も良いリーダーを形成しますか？

- リーダーたちに、この点について議論させなさい。ふつう、キリストのお気に入りとして、2つまたは3つの絵が現れます。リーダーたちは、その他のものよりもこれらの2つまたは3つの価値がリーダーとして相応しいと議論するでしょう。私たちは、答えが西洋と東洋の文化の間で実に多用であるということを見出してきました。グループが彼らの思考について伝達した後、彼らと以下の識見に関して分かち合いなさい。

「多くの人々は、8つの人格タイプ全てが優秀なリーダーになれるということを見出したとき、驚きます。リーダーシップは人格に依拠するものではないのです。私はあなたを、アメリカにおける、毎週5000人以上の参列者のいる8つの巨大な教会について話すことができます。ほとんどの人々は、これらの教会は偉大なリーダーたちによって導かれていると言うでしょう。もし、あなたが他の牧師と話したのならば、それぞれが異なった人格を有していることに気付くでしょう。それぞれが、キリストの異なった絵によって導かれているのです。人格は良きリーダーを作るものではありません。良きリーダーは、チーム全体を導き、共に働き、成功する人です。イエスは、常に偉大なリーダーでした。彼に従えば、あなたもまた偉大なリーダーになるでしょう。」

節を暗唱しなさい

> ローマ人への手紙　第12章4-5節
> なぜなら、一つのからだにたくさんの肢体があるが、それらの肢体がみな同じ働きをしていないように、わたしたちも数は多いがキリストにあって一つのからだであり、また各自は互いに肢体だからである。

- 全員がたち、10回節を一緒に言って覚えましょう。最初の6回は、学習者は自身の聖書や生徒手帳を使います。最後の4回は、節を暗記して言います。学習者は、彼らが節を引用する度に、節の参照個所を言い、そして言い終えたときに座らなくてはいけません。
- この習慣に従うことで、トレーナーは、「練習」セクションにおけるレッスンを終えたのがどのチームかを知ることができます。

練習

- リーダーたちを4つのグループに分けなさい。
- 段階的なトレーニングのプロセスを通じてリーダーの周りを歩き、以下のセクションについて論じるために、7-8分をそれぞれ与えなさい。

前進

「8つの人格のうち、自分が最もどのようであるかを分かち合い、例を挙げなさい。」

問題

「8つの人格のうち、自分が最もどのようでないかを分かち合い、例を挙げなさい。」

計画

「次の1ヶ月の間、あなたのグループにおける異なった人格タイプを見出すためシンプルな計画を分かち合いなさい。」

- 後で相手のために祈ることができるよう、全員が、パートナーの計画を録音しましょう。

練習

「次の30日間、あなたをこのエリアのリーダーとしてあなたを向上させる1つのスキルを分かち合いなさい。」

- 後で相手のために祈ることができるよう、全員が、パートナーの計画を録音しましょう。
- 彼らが練習するスキルについてそれぞれの人々が分かち合った後に、グループのメンバーは、立って、10回暗記した節を唱えます。

祈り

「お互いの計画と次の30日間、リーダーとして向上するためにあなたが練習するスキルのために祈る時間をとりなさい。」

エンディング

アメリカン・チーズバーガー

「リーダーたちに、レストランにいるふりをするよう言いなさい。リーダーたちを、3人から4人のグループに分け、それぞれのグループが食事をしている『テーブル』であると説明して下さい。彼らに、あなたがウエイターであって、彼らの注文を受けようとしている、と説明なさい。」

- あなたの腕の上にタオルをかけて、最初のテーブルに行き、彼らに何が食べたいか尋ねなさい。彼らが何と言おうと、「ごめんなさい。今それがないので、私はアメリカン・チーズバーガーを代わりに差し上げます」と言いなさい。
- 数テーブル後、ほとんどの人たちは、それしかないことに気がついてアメリカン・チーズバーガーを頼むようになるでしょう。

「このスキットは、よくあるリーダーシップの誤りを描いています。リーダーたちは、皆に行動し、同じようでいて欲しいと期待しますが、神はそれぞれの人々を違う風にお造りになったのです。良きリーダーは異なった人格を有する人々とどのようにして一緒に働くかを知っています。彼らは人々に、どのようにして協力し、違いを尊重するかを教えます。」

- リーダーたちの1人に、神が人々をお造りになった異なった方法に対する感謝の祈りを捧げるよう言いなさい。

5

共に強くあれ

リーダーたちは、先のレッスンにおいて彼らの人格のタイプを発見しました。「共に強くあれ」は、リーダーたちに、どのようにして彼らの人格のタイプを他者と交流させるかを示します。どうして、人々は世界において異なった種類の人格を有するのでしょうか？ある人々は、ノアの箱船が8人の人々を運んでいたといい、他の人々は神がコンパスのそれぞれの点 － 北、北東、東等、異なった点に人格のタイプを作られたと言います。私たちは、シンプルにこの理由を説明することができます。神が、彼のイメージを用いて人間をお造りになったので、世界には8つの異なる人格が存在するのです。神がどのように見えるか知りたいのならば、聖書はイエスを見よ、と言います。世界の基本的な8つの人格のタイプはイエスの8つの絵を反映しているのです。

　イエスは、兵士 － 神の軍隊の司令官のようです。彼は探求者 － 失われたものを探し救う者のようです。彼は羊飼い － 弟子に食べ物、水、その他を与える者のようです。イエスは、種を蒔く人 － 私たちの人生に神のみ言葉を蒔く者のようです。彼は息子です－　神は彼のことを愛さされた者と呼び、私たちに彼の言うことを聞くよう仰せになりました。彼は召

使い － たとえ死に際でさえも、彼の父に服従する者です。最後に、イエスは財産管理人です － 多くのたとえ話は、時間、お金、人々を管理することについてです。

　全てのリーダーたちには、共に人々を助ける義務があります。異なった人々は世界を違ったように見るので、異なった人格間で諍いが生じることは避けられないことです。諍いに取り組むため、人々がなす最も主要な2つのやり方は、お互い避けるか戦うかです。諍いに取り組む3番目のやり方は、神の聖霊に導かれ、それぞれの人格のタイプを尊重し、認める解決策を見出すやり方です。このセッションは、ユーモラスなやり方でこの真実を示すドラマコンテストで終わります。「キリストの8つの絵」のダイアグラムは、私たちがどのようにして他者を愛するかを理解する助けとなります。これはイエスの信奉者全員の仕事なのです。

崇拝

- 共に、2つの礼拝の歌を歌いなさい。リーダーに、このセッションのために祈るよう言いなさい。

前進

- トレーニングにおける他のリーダーに、神がどのようにして彼または彼女のグループを祝福したかについての短い証言（3分間）を分かち合うように言いなさい。リーダーが証言を分かち合った後、グループに彼または彼女のために祈るよう言いなさい。
- 代わりに、「前進、問題、計画、練習、祈り」のリーダーシップのトレーニングの過程を使って、リーダーと一緒にコーチの時間のひな型を作りなさい。

問題

私たちは前のレッスンで、8つの異なる人格のタイプとは何かについて学びました。この知識は、私たちのグループの間で、諍いがどのようにして起こるのかを理解する助けとなります。諍いよりも使命や伝導を止めるものはありません。人々は熱烈な言葉を交わし、お互いの気持ちを傷つけます。それから、使命や伝導はスローモーションになっていくのです。

計画

「イエスは救世主であり、彼の信奉者に対し、彼を世界に表す聖人」

復習

歓迎
　誰が教会を設立しましたか？
　どうしてそれは重要なのですか？
　イエスはどのようにして彼の教会を建てましたか？
　　主によって強くなる ✋
　　福音の共有 ✋
　　信奉者の育成 ✋
　　グループと教会の創始 ✋
　　リーダーの育成 ✋

　　　コリント人への第一の手紙　わたしがキリストにならう者であるように、あなたがたもわたしにならう者になりなさい。(NAS)

イエスのようにトレーニングなさい。
　イエスはどのようにしてリーダーをトレーニングしましたか？
　　前進 ✋
　　問題 ✋
　　計画 ✋
　　練習 ✋
　　祈り ✋

　　　　ルカによる福音書　第6章40節　弟子はその師以上のものではないが、修行をつめば、みなその師のようになろう。（HCSB）

イエスのように導きなさい
　イエスは、誰が最も偉大なリーダーであると言いましたか？ ✋
　偉大なリーダーの7つの資質とは何ですか？
　　1. 偉大なリーダーは人々を愛します ✋
　　2. 偉大なリーダーは彼らのミッションを知っています ✋
　　3. 偉大なリーダーはその弟子に仕えます ✋
　　4. 偉大なリーダーたちは、優しさによって正します ✋
　　5. 偉大なリーダーたちは、グループ内における現在の問題を知っています ✋
　　6. 偉大なリーダーたちは従うべき良い例を見せます ✋
　　7. 偉大なリーダーたちは彼が祝福されていることを知っています ✋

　　　　ヨハネによる福音書　第13章14-15節　しかし、主であり、また教師であるわたしが、あなたがたの足を洗ったからには、あなたがたもまた、互いに足を洗い合うべきである。わたしがあなたがたにしたとおりに、

あなたがたもするように、わたしは手本を示したのだ。

強く生きよ
　どの人格タイプが最も良いリーダーを形成しますか？
　　兵士 🖐
　　探求者 🖐
　　羊飼い 🖐
　　種をまく人 🖐
　　息子／娘 🖐
　　聖なる神 🖐
　　召使い 🖐
　　財産管理人 🖐
神はどの人格のタイプを最も愛されていますか？
どの人格タイプが最も良いリーダーを形成しますか？

　　　ローマ人への手紙　第12章4-5節　なぜなら、一つのからだにたくさんの肢体があるが、それらの肢体がみな同じ働きをしていないように、わたしたちも数は多いがキリストにあって一つのからだであり、また各自は互いに肢体だからである。

なぜ世界には8種類の人々がいるのですか？

　創世記　第1章26節
　そして神は、「われわれに似るように、われわれのかたちに、人を造ろう…。」と仰せられた。

　コロサイ人への手紙　第1章15節
　御子は、見えない神のかたちであって、すべての造られたものに先だって生まれたかたである。

人々は、神のイメージでもって創られました。もしあなたが、目に見えない神のイメージを見たいと望むのならば、イエスをご覧なさい。私たちの堕落した状態にさえ、私たちはイエスが誰であるかを反映しているのです。聖書には、イエスがどのようであるかを私たちが知る手がかりとなる8つの絵があります。

イエスはどのようですか？

兵士

マタイによる福音書　第26章53節（HCSB）
それとも、わたしが父に願って、天の使いたちを12軍団以上も、今つかわしていただくことができないと、あなたは思うのか?(HCSB)

🖐 兵士
剣を挙げなさい。

探求者

ルカによる福音書　第19章10節
「人の子がきたのは、失われたものを尋ね出して救うためである」。(NAS)

🖐 探求者
目の上の手で前後を見なさい。

羊飼い

>ヨハネによる福音書　第10章11節
>わたしはよい羊飼である。よい羊飼は、羊のために命を捨てる。

👋 羊飼い
　まるであなたが人々を集めているかのように、腕を体に向かって動かしなさい。

種をまく人

>マタイによる福音書　第13章37節
>イエスは答えて言われた、「良い種をまく者は、人の子である。(NAS)

👋 種をまく人
　手で種をまきます。

息子もしくは娘

>ルカによる福音書　第9章35節
>すると雲の中から声があった、「これはわたしの子、わたしの選んだ者である。これに聞け。」

👋 息子
　まるであなたが食べているかのように口に向かって手を動かしなさい。

救世主／聖なる神

> マルコによる福音書　第8章31節
> それから、人の子は必ず多くの苦しみ受け、長老、祭司長、律法学者たちに捨てられ、また殺され、そして三日の後によみがえるべきことを、彼らに教えはじめました。

「私たちは世の中に彼の救いの業を示す聖人となるよう召されたのです。」

✋ 救世主／聖なる神
伝統的な「祈りの手」のポーズに手を組みなさい。

召使い

> ヨハネによる福音書　第13章14-15節
> しかし、主であり、また教師であるわたしが、あなたがたの足を洗ったからには、あなたがたもまた、互いに足を洗い合うべきである。わたしがあなたがたにしたとおりに、あなたがたもするように、わたしは手本を示したのだ。

✋ 召使い
ハンマーをふるいなさい。

財産管理人

> ルカによる福音書　第6章38節
> 「与えよ。そうすれば、自分にも与えられるであろう。人々はおし入れ、ゆすり入れ、あふれ出るまで量をよくして、あなたがたのふところに入れ

てくれるであろう。あなたがたの量るその量りで、自分にも量りかえされるであろうから。」

- ✋ 財産管理人
  シャツのポケットもしくは財布からお金を取り出しなさい。

諍いが起きたときに私たちが有する3つの選択肢とはなんですか？

逃げ去る（人間的反応）

「異なった人格は異なった考え方とタスクの成し遂げ方を有します。円状のダイアグラムにおいて相反する位置にある人々は、共に活動することを最も困難であると感じます。彼らはお互いに理解し合うのに骨を折ります。」

例えば、種をまく人は人々が成長するのを見るためにお金と時間を使いたがりますが、財産管理人は伝導が続くよう、お金と時間を節約したがります。良き判断は両方の観点を必要とします。一方が他方を圧迫することは、競争や貧しい判断をもたらします。

多くの人々にとって、諍いの対処をすることは難しく、2つの派閥はコミュニケーションをとらずに終わってしまいます。より多くの諍いや痛みを恐れて、私たちは他の人から離れてしまいます。私たちのモットーは、「後になって後悔するより安全にしていたほうがいい」となるのです。

このシチュエーションにおいて、人々は議論し、逃げ去り、そしてお互い身を隠します。

✋ 拳を会わせなさい。それをお互いから離し、あなたの背後に動かしなさい。

お互いに争う（人間的反応）

「時に人々は諍いを避けませんが、彼らは公然と他者に対して敵意をむき出しにします。私たちは、傷つき、誤解し、他者がやったことに対して『代償』を払って欲しいと願います。私たちは言葉、態度、そして拳で戦うでしょう。諍いの積み重ねがいつもの結果です。」

例えば、探求者が新しい経験と機会を求めている一方で、聖なる神はグループを固め強固なものにしたいと望みます。私たちは、キリストの体において、両者を必要とします。2つのグループが「新しい」ものと「古い」ものを一緒にすることは、とても難しいこととなり得ます。

礼拝のスタイルは、特にこの問題になりやすいように思われます。グループは彼らのスタイルで集まり、異なったスタイルのグループを軽視します。言葉、態度、そして行動はお互いに対立し、統合が危ぶまれます。

このシチュエーションにおいて、私たちは議論し、お互いに戦います。

✋ 拳を固め、それらを互いにぶつけなさい。

神の聖霊によって道を見出し共に取り組む（聖霊の反応）

「聖霊は第3の反応を示します。もし、私たちが、諍いが起こったとき、私たちの肉体が逃げたり争ったりしがちであることを認識していれば、私たちは、共に歩む道を探す為に聖霊に尋ね、頼ることができます。私たちは、キリストの身体全体から生じた問題への解決策がより良いものであることを信じています。第3の反応は、コミニュケーションをとり、信用し、全ての者を愛することです。」

「例えば、兵士は、教会が組織化され、神とともに伝導に励んでいることを望みます。一方、息子または娘は、教会は家族にとっての癒しの場所であってほしいと望みます。兵士はタスクに集中し、息子または娘は関係性に集中します。彼らが聖霊において統合するとき、彼らは伝導を行い、皆が「チームの一部」であることを感じる助けとなります。私たちは、働き、働き、働きます – しかし、わたくしたちはまた、祈り、祈り、祈ります。

このシチュエーションにおいて、私たちはキリストにおいて一緒になる道を探し、彼の王国に向かって進みます。

- ✋ 拳を一緒にし、拳を離し、そして指をからませ、手を、まるで彼らが一緒に働いているかのように上下に降りなさい。

節を暗記しなさい

> ガラテア人への手紙　第2章20節
> 生きているのは、もはや、わたしではない。キリストが、わたしたちのうちに生きておられるのである。（NAS）

- 全員がたち、10回節を一緒に言って覚えましょう。最初の6回は、学習者は自身の聖書や生徒手帳を使います。最後の4回は、節を暗記して言います。学習者は、彼らが節を引用する度に、節の参照個所を言い、そして言い終えたときに座らなくてはいけません。
- この習慣に従うことで、トレーナーは、「練習」セクションにおけるレッスンを終えたのがどのチームかを知ることができます。

練習

ドラマコンテスト

- リーダーたちを最低8人の人々がそれぞれいるグループに分けなさい。リーダーたちに、あなたが勝者に景品のあるドラマコンテストをアレンジすると伝えなさい。あなたは、最も良い、人生に迫ったパフォーマンスをしたチームに景品を与えます。
- グループのそれぞれのメンバーは、真似をするためのキリストの絵を取り出します。リーダーたちは、彼ら自身の人格とは異なった絵を選ぶ必要があります。例えば、もし、ある人の人格が「兵士」であるのなら、彼らはドラマにおいて演じるために、「兵士」よりもむしろキリストの絵の中から異なるものを抽出すべきです。

- 彼らが演じる予定のスキットは、「近所の地域において新しい教会を始めることについてのグループミーティング」です。ドラマのメンバーは、お互いに（人間的に）争いながらのみ、それぞれの役目を果たさなくてはなりません。誰も、聖霊の道に達していません。
- 彼らは、グループに対し彼らのスキットを表現するため、5分間有します。人々に劇において彼らが演じている役目が分かるよう、「大げさにやる」ようにさせなさい。
- リーダーたちに、彼らの劇を練習するのに十分な時間を与えなさい（最低20分）。
- コンテストを初めなさい。それぞれのグループのパフォーマンスの最後に、俳優の輪に加わって、リーダーたちが、それぞれのメンバーが演じている役目を当てられるかどうか見なさい。最もユーモラスに、人生に迫った演技をしたグループに「一等賞」をあげなさい。賞のアイデアとしては、福音の小冊子、礼拝のCD、キャンディーなどが挙げられます。
- グループがパフォーマンスをした後に、それぞれのグループから「オールスターズ」を抽出するよう言いなさい。それぞれのグループの「オールスターズ」に、新しいグループを結成して新しい「オールスター」のドラマをするためにまたスキットを演じるよう言いなさい。

よくある質問

キリストの8つの絵と精神的な才能との間の違いはなんですか？

神は、ご自身のイメージにおいて人々をお創りになりました。そして目に見えない神のイメージを見たいと望むのならば、イエスをご覧になりなさい、と聖書は説きます。8つの絵

は人々がいかに「配線」されているかを示し、信者にとっても不信仰者にとってもこれは真実です。精神的な成長のために8つの絵を用いることは、精神的な才能の人物調査票における問題を述べます。どのようにして、不信仰者は、彼らが神を全く信じていないにもかかわらず、精神的な才能の人物調査票を手に入れ、精神的な才能を有していることを発見できると言うのでしょう？

　キリストの8つの絵は、まるで精神的な才能が注ぎ込まれ、放たれる「バケツ」のようです。羊飼いは、聖霊の意志と動揺、慈愛、奨励、与えること、です。私たちは、ある精神的な才能は、たいてい、キリストの特定の絵の周りに集まっているということを見てきました。例えば、奉仕の才能と召使いの絵は常に共にあるのです。

6

福音の共有

　福音をこれまでに全く聞いたことがない人々は、どうやってそれを信じることができるでしょう？残念ながら、イエスの信奉者は、人々が信じることができる福音をいつも共有しているわけではありません。彼らは福音をどのようにして分かち合うかについて習ったことがない、ということが理由の1つとして挙げられます。もう1つの理由としては、彼らは日常の繰り返しに忙しく、分かち合うのを忘れてしまう、ということが挙げられます。「福音の共有」のレッスンでは、リーダーたちは、どのようにして友達や家族と分かち合うための「福音の腕輪」をつくることができるかを、学びます。その腕輪は、私たちが他者と分かち合うよう思い起こさせ、良き会話のスターターともなります。腕輪の色は、私たちに、神を求める人々がどのようにして福音を人々と共有するかを思い起こさせます。

　福音の腕輪は、私たちがどのようにして神の家族のもとを離れたかを染まします。最初、それは神、すなわち、金色のビーズでした。聖霊は、空と海からなる完全なる世界、すなわち青色のビーズを創り出しました。彼は人類を創り、彼らを美しい楽園、すなわち緑色のビーズに配置しました。最

初の男性と女性は神にさからい、罪と苦しみ、すなわち黒色のビーズを世にもたらしました。神は、彼の息子を世に遣わし、彼は完璧な人生、すなわち白色のビーズを歩みました。イエスは、十字架上で死ぬことで私たちの罪の代償、すなわち赤色のビーズを払いました。

福音の腕輪は、私たちに、順序を逆にたどることでどのようにして神の家族に戻ることができるかを示します。神はおっしゃいました、イエスを信じる人たちのために十字架上で亡くなり（赤色のビーズ）、神の子（白色のビーズ）であるイエスを信じる者たちの罪（黒色のビーズ）は赦されました、と。神はご自身の家族の元に私たちを帰して下さり、そして私たちは一層、イエスのように育つのです（緑色のビーズ）。神は、彼の聖霊を私たちに与えます（青色のビーズ）。そして、私たちが亡くなったときに黄金の道が開ける天国に、彼とともにいることを約束してくださるのです（黄金のビーズ）。

レッスンは、イエスが神への唯一の道であることを示して終わります。誰も、神のもとへ自分自身で行くことができるほど、かしこくも、よくも、強くも、愛してもいません。イエスは、人々が神へと戻るために歩むことのできる唯一の小道なのです。イエスに従うことは、彼らの罪から人々を解放する唯一の真実です。イエスのみが、彼の十字架上の死によって永遠の命を授けることができるのです。

崇拝

- 2つの合唱歌もしくは賛美歌を一緒に歌ってください。

前進

- トレーニングにおける他のリーダーに、神がどのようにして彼または彼女のグループを祝福したかについての短い証言（3分間）を分かち合うように言いなさい。

リーダーが証言を分かち合った後、グループに彼または彼女のために祈るよう言いなさい。

問題

「多くの信者が、福音を共有することにくる清でいます。彼らは、『私は誰と福音を共有すべきなのでしょう？』そして『私は何を言うべきなのでしょう？』と尋ねます。信者はいつも忙しくなりすぎて、神が彼らに信念をもやたすために他人の人生に働きかけていることを忘れがちです。」

計画

「このレッスンでは、私たちは福音を共有し、共有の練習をし、私たちが常に福音を共有すべきことを心に留めさせる『福音の腕輪』を作るための簡単な方法を復習します。」

復習

歓迎
誰が教会を設立しましたか？
どうしてそれは重要なのですか？
イエスはどのようにして彼の教会を建てましたか？
主によって強くなる 🤚
福音の共有 🤚
信奉者の育成 🤚
グループと教会の創始 🤚
リーダーの育成 🤚

一途なリーダーの育成

> コリント人への第一の手紙　第11章1節　わたしがキリストにならう者であるように、あなたがたもわたしにならう者になりなさい。(NAS)

イエスのようにトレーニングしなさい
　　イエスはどのようにしてリーダーをトレーニングしましたか？
　　　前進 ✋
　　　問題 ✋
　　　計画 ✋
　　　練習 ✋
　　　祈り ✋

> ルカによる福音書　第6章40節　弟子はその師以上のものではないが、修行をつめば、みなその師のようになろう。(HCSB)

イエスのように導きなさい
　　イエスは、誰が最も偉大なリーダーであると言いましたか？ ✋
　　偉大なリーダーの7つの資質とは何ですか？
　　　1. 偉大なリーダーは人々を愛します ✋
　　　2. 偉大なリーダーは彼らのミッションを知っています ✋
　　　3. 偉大なリーダーはその弟子に仕えます ✋
　　　4. 偉大なリーダーたちは、優しさによって正します ✋
　　　5. 偉大なリーダーたちは、グループ内における現在の問題を知っています ✋
　　　6. 偉大なリーダーたちは従うべき良い例を見せます ✋
　　　7. 偉大なリーダーたちは彼が祝福されていることを知っています ✋

> ヨハネによる福音書　第13章14-15節　しかし、主であり、また教師であるわたしが、あなたがたの足を洗ったからには、あなたがたもまた、互いに足を洗い合うべきである。わたしがあなたがたにしたとおりに、あなたがたもするように、わたしは手本を示したのだ。

強く生きよ
　どの人格タイプが最も良いリーダーを形成しますか？
　　兵士 ✋
　　探求者 ✋
　　羊飼い ✋
　　種をまく人 ✋
　　息子／娘 ✋
　　聖なる神 ✋
　　召使い ✋
　　財産管理人 ✋
　神はどの人格のタイプを最も愛されていますか？
　どの人格タイプが最も良いリーダーを形成しますか？

> ローマ人への手紙　第12章4-5節　なぜなら、一つのからだにたくさんの肢体があるが、それらの肢体がみな同じ働きをしていないように、わたしたちも数は多いがキリストにあって一つのからだであり、また各自は互いに肢体だからである。

共に強くあれ
　なぜ世界には8種類の人々がいるのですか？
　イエスはどのようですか？
　　兵士 ✋
　　探求者 ✋

- 羊飼い ✋
- 種をまく人 ✋
- 息子／娘 ✋
- 聖なる神 ✋
- 召使い ✋
- 財産管理人 ✋

諍いが起きたときに私たちが有する3つの選択肢とはなんですか？

- 逃げ去る（人間的反応） ✋
- お互いに争う（人間的反応） ✋
- 神の聖霊によって道を見出し共に取り組む（聖霊の反応） ✋

> ガラテア人への手紙 第2章20節 生きているのは、もはや、わたしではない。キリストが、わたしたちのうちに生きておられるのである。(NAS)

私はどのようにしてシンプルな福音を共有できますか？

> ルカによる福音書 第24章第1-7節
> 週の初めの日、夜明け前に、女たちは用意しておいた香料を携えて、墓に行った。ところが、石が墓からころがしてあるので、中にはいってみると、主イエスのからだが見当たらなかった。そのため途方にくれていると、見よ、輝いた衣をきたふたりの者が、彼らに現れた。女たちは驚き恐れて、顔を地に伏せていると、このふたりの者が言った、「あなたがたは、なぜ生きた方を死人の中にたずねているのか。そのかたは、ここにはおられない。よみがえられたのだ。まだガリラヤにお

られたとき、あなたがたにお話になったことを思い出しなさい。すなわち、人の子は必ず罪人らの手に渡され、十字架につけられ、そして三日目によみがえる、と仰せられたではないか。」

- リーダーがスクリプトを大声で読んだ後、以下の材料をそれぞれの参加者に配りなさい。

    1. 黄金、青、緑、黒、白、そして赤のビーズ
    2. 12インチの長さの革もしくはコード

- どのようにして「福音の腕輪」を作るのかを説明しなさい。ビーズを定位置に保つため、コードの真ん中から編み始めなさい。その意味を説明しながら、それぞれのビーズをブレスレットの糸に通しなさい。

黄金のビーズ

「最初、神のみがいらっしゃいました。」

青色のビーズ

「それから、聖霊は、海と空を含む、世の中の全てのものを創りました。」

緑色のビーズ

「神は美しい楽園をお創りになり、男をお創りになり、彼を神の家族に受け入れました。」

黒色のビーズ

「悲しいことに、男は神に逆らい、罪と苦しみを世の中にもたらしました。彼の反抗によって、男は楽園と神の家族を去らなくてはいけなくなりました。」

白色のビーズ

「とはいえ、神はまだ男を愛していたので、彼は神の子イエスを世の中へとお遣わせになりました。イエスは完璧な人生を生き、そして全てにおいて神に従いました。」

赤色のビーズ

「イエスは、私たちの罪のために十字架の上で死に、墓に葬られました。」

- このとき、リーダーは福音の腕輪にビーズを通すことをせず、ビーズを定位置に保ために結び目をつくります。赤いビーズを指差し、黄金のビーズまで逆戻りする次のセクションを開始しなさい。

赤色のビーズ

「神は私たちの罪のためのイエスの犠牲をご覧になり、そしてそれを受け入れました。彼は、イエスのみが神へと戻る唯一の道であることを示すために、イエスを3日後に墓から救いました。」

白色のビーズ

「イエスを信じる者は神の子であり、彼は彼らの罪のための償いをしました…」

黒色のビーズ

「そして、彼らの罪を後悔する者たちは、イエスに助けを求めました…」

緑色のビーズ

「…神は彼らをお許しになり、そして彼の家族のもとに戻ることを歓迎しました。彼らがちょうど最初の楽園にいたときのように。」

青色のビーズ

「神は、聖霊を彼らの中にお創りになり、最初に全ての世の中をお創りになったときのように新しい人をお創りになりました。」

黄金のビーズ

「最後に、イエスを信じる全ての者たちは、いつか神とともに永遠を過ごします。彼らは純金で創られた都市で他の信者と共に過ごします。」

私は、私がどこから来て、どこへ行くのかを思い起こさせてくれるので、この腕輪が好きです。福音の腕輪

はまた、神がどのようにして私の罪をお赦しになり、人生を変えたかを思いおこさせます。

あなたは神の家族のもとへ戻る準備はできていますか？さあ、一緒に祈って、神に、彼が完全な世界をお創りになり、あなたの罪のために死ぬために彼の子をお遣わしになったことを信じていることを伝えましょう。あなたの罪を後悔し、赦しを乞えば、神はあなたを彼の家族のもとに再び受け入れるでしょう。

- トレーニング中のすべてのリーダーが信者であることを確かめる時間をとりなさい。福音の腕輪について説明した後で、誰か神の家族のもとに戻る準備ができている人はいないか尋ねなさい。

どうして私たちはイエスの助けを必要とするのですか？

1. 誰も、神に戻ることができるほど賢くありません。

    イザヤ書　第55章9節
    天が地よりも高いように、わが道は、あなたがたの道よりも高く、わが思いは、あなたがたの思いよりも高い。

    「ある人たちは、神への道が複数存在すると信じています。彼らは、イエスが神への唯一の道でない可能性があることをでっち上げます。神のお考えは、しかし、人々の考えを小さくすることでした。神がイエスのみが道であり、真実であり、人生であると言うとき、あなたは誰を信じると言うのでしょう？」

- ✋ 誰もそれほど賢くはない
  両手の人差し指を頭の横に置き、あなたの首を「いいえ」とふりなさい。

2. 誰も、神に戻ることができるほど与えていません。

   イザヤ書　第64章6節
   われわれはみな汚れた人のようになり、われわれの正しい行いは、ことごとく汚れた衣のようである。われわれはみな木の葉のように枯れ、われわれの不義は風のようにわれわれを吹き去る。(NLT)

「ある人々は、彼らが貧しい人たちにお金を与えることで、永遠の命を受け取ることができると信じています。彼らは、神が彼らの良き行いをご覧になり、そして天国へと受け入れてくれると思っているのです。私たちの最も良い行いは、しかし、神がなさったことと比べるとまるで汚れた布のようです。神は、イエスが私たちの罪のために十字架上で死んだとき、私たちのために彼の唯一の子をお与えになりました。神は私たちの救いのため、この良き行いのみのみをお認めになったのです。」

- ✋ 誰もそれほど与えていない
  あなたのシャツのポケットもしくは財布から、多くのお金をとるふりをして、あなたの頭を「いいえ」と振りなさい。

3. 誰も神のもとに戻ることができるほど強くはありません。

   ローマ人への手紙　第7章18節
   わたしの内に、すなわち、わたしの肉の内には、善なるものが宿っていないことを、わたしは知っ

ている。なぜなら、善をしようとする意志は、自分にはあるが、それをする力がないからである。(HCSB)

「他の人たちは、神への道は自己否定によるものであると信じています。彼らは瞑想、断食、そして世の中の否定の練習をします。彼らは彼や彼女たちの欲望をコントロールすることで救いが得られると信じているのです。人は彼もしくは彼女自身の強さだけに頼らなくてはなりません。おぼれた人は自分自身を救う力を手に入れることはできません。彼は助けを求めるべきです。イエスじゃ、完全な人生を生きることのできる唯一の人です。私たちは、イエスの力に頼ることで神の元へと戻るのであって、自分自身の努力ではありません。」

✋ 誰もそれほど強くない
両腕を「強い男」のポーズにあげて、あなたの頭を「いいえ」と振りなさい。

4. 誰も神に戻ることができるほど良い人ではありません。

ローマ人への手紙　第3章23節
すなわち、すべての人は罪を犯したため、神の栄光を受けられなくなっており、

「最後のグループの人々は、彼らの良き行いが彼らの悪い行いを上回っているので、神のもとへ変えることができると信じています。彼らは、多くの良き行いをして、神のお気に入りになったことに自信を持っています。彼らは、『私はあそこにいる人ほど悪いことをしたことはありません』と言って、自分自身を正当化します。」しかしながら、神は、彼の子イエスの完全な人生に比して、私たち全員を審査します。イエスと

比べると、全ての人間は至らない者です。イエスの犠牲だけが、神が受け入れるに足るものです。イエスだけが、神の家族のもとに私たちを神の家族へと運んでくれるのです。私たちは彼の善意を信じなくてはいけません。

> 誰もそれほど良くありません
> 天秤のように手を差し出して、上げ下げし、あなたの頭を「いいえ」と振りなさい。

節を暗記しなさい

> ヨハネによる福音書　第14章6節
> イエスは彼らに言われた、「わたしは道であり、真理であり、命である。だれでもわたしによらないでは、父のみもとに行くことはできない。

- 全員がたち、10回節を一緒に言って覚えましょう。最初の6回は、学習者は自身の聖書や生徒手帳を使います。最後の4回は、節を暗記して言います。学習者は、彼らが節を引用する度に、節の参照個所を言い、そして言い終えたときに座らなくてはいけません。
- この習慣に従うことで、トレーナーは、「練習」セクションにおけるレッスンを終えたのがどのチームかを知ることができます。

練習

- リーダーたちを4つのグループに分けなさい。

「今、私たちは、このリーダーシップのレッスンの中で学んだことを練習するために、イエスが使われたのと同じトレーニングの過程を用います。」

- 段階的なトレーニングのプロセスを通じてリーダーの周りを歩き、以下のセクションについて論じるために、7-8分をそれぞれ与えなさい。

前進

「最近イエスの信奉者になった人についての短い目撃談をあなたのグループと分かち合いなさい。」

問題

「あなたのグループと一緒に、あなたにとって何が福音を分かち合うことを困難なものとしているかを分かち合いなさい。」

計画

「次の30日間の間、あなたが福音を分かち合う5人の人々の名前を分かち合いなさい。」

- 後で彼らのために祈ることができるように、彼らはパートナーたちの計画を録音しておくべきです。

練習

- 「福音の腕輪」をガイドとして、それぞれのリーダーは順番に福音を彼らの小さなグループ内で分かち合わなくてはいけません。
- 全てのグループのメンバーは立ち上がって、一緒に10回覚えた節を言いなさい。

祈り

「神の家族に戻る必要があるあなたのグループの人々の名前のリストのために祈りなさい。」

エンディング

トレーナーをトレーニングする力

セッションの前に、ホワイトボードもしくはポスターの紙に以下の表を描きなさい。セッションの前に、統計項目をなしなさい。しかし、リーダーに彼らの見積もりを与えることを許しなさい。この議論は、数を集め、参加者にとって数をより「リアル」なものにするための活発な議論を強化するでしょう。

総人口		新しい教会の設立	
総不信仰者数		平均的な教会のサイズ	
総信者数		総教会数	
2%調査目標		教会目標	

「私は、どうしてトレーニングの木が重要であるのかをあなたに説明したいと思います。一緒に以下の表を埋めましょう。」

「この絵でひかれている人々のグループのための統計は例でしかありません。もし、全てのリーダーが同じグループから来たのならば、彼らの率いる人々に対してグループ統計をとりなさい。もし、彼らが複数の人々のグループから来たのならば、市区町村、県、もしくは国の数を用いなさい。」

総人口	2,000,000	新しい教会の設立	10
総不信仰者数	1,995,000	平均的な教会のサイズ	50
総信者数	5,000	総教会数	100
2%調査目標	40,000	教会目標	800

「私たちのグループは、総人口2000000人の人々がいます。」 私たちはここに5000人の信者がいると見積もっていて、このことは、1995000人の人々がイエスを信仰していないことを意味します。ゴールは、最低でも人口の2%がイエス、つまり、40000人の人々に達することです。私たちにはまだ長い道のりがあります！

平均して、現存する教会は新しい教会を10年毎に始めます。世界中の平均的な教会の大きさは50人ですから、私たちは私たちのグループに100の教会を見積もります（5000/50）。私たちのゴールは、40000人に達することですから、私たちはもう700の教会が必要です。この数字は大体のものですが、私たちのグループにおいて何が起こっているのかという絵を形勢する助けとなります。

平均的な伝統的な教会は他の教会を開始するのに10年を要しますから、10年以内に私たちは教会の数を倍にすることができます。教会の総数に関して、私たちのゴールは800 （40000/50）です。ある教会は50人以上の参加者がいますが、しかし、多くの教会はそれよりも小さいでしょうから、これは良い見積もりです。さあ、私たちのゴールを達成するための2つの異なった方法を比べましょう。

伝統的な教会の開始	年数	リーダーの育成	年数
100		5,000	

200	10	10,000	1
400	20	20,000	2
800	30	40,000	3

「このように、もし私たちがグループを創始することに集中したのならば、私たちは3年以内に私たちのゴールを達成することができます。現在私たちは5000人の信者がいます。私たちはそれぞれ福音を共有し、人々をキリストへと導き、グループにおいて彼らをリーダーとして育て、そして彼らにどのようにして同様にやるのかを教え、信者は毎年2倍になり、3年後には40000人の信者を有します。」

もし、私は伝統的なやり方で教会を始めるのならば、私たちは30年の間に私たちのゴールを達成します。私たちは現在100の教会を有し、もし10年毎に倍増したのならば、私たちは30年間で800の教会を有します。

3年と30年では、大きな違いがあります！

教会間のよくある問題は、人々がリーダーになるための訓練を彼らがしていないということです。結果として、わずかなリーダーしか、新しい教会や新しいグループを創始するために存在しないことになります。私たちがイエスのように訓練するとき、それはこの問題をシンプルですがパワフルなやり方で解決するのです。

私のイエスの計画

- リーダーたちに、「イエスの計画」のページが見えるところまで参加者のガイドブックのページを見返すよう言いなさい。セミナーの最後に、リーダーたちがグループとともにイエスの計画を分かち合う予定である

ことを説明しなさい。その後、リーダーたちは彼らの家族、使命、そして計画について神に祈ります。

「あなたはあなたの目標とするグループにおける人口統計学をうめるための矢印のある場所に気付くでしょう。祈りの時間をとり、できるだけ、空欄を埋めなさい。もしもより良い情報を得たならば、あなたはそれらを変えることができます。」

7

信奉者の育成

良いリーダーはいつも良い計画を有しています。イエスは、ルカによる福音書第10節において、信奉者たちにシンプルだけれどもパワフルな計画をお与えになりました。あなたの心を準備し、へいの民を探し、良き知らせを分かち合い、そして結果を評価しなさい。イエスは私たちに、従うべき良き計画をお与えになりました。

　私たちが教会において伝導を始めようが、新しい教会、あるいは、塊のグループで伝導を始めようが、イエスの計画におけるステップは私たちが不必要な過ちを犯すのを避けるでしょう。このレッスンはリーダーたちに、彼らの個人的なイエスの計画において、どのようにしてお互いを監督するかを示します。

崇拝

- 共に、2つの礼拝の歌を歌いなさい。リーダーに、このセッションのために祈るよう言いなさい。

前進

- トレーニングにおける他のリーダーに、神がどのようにして彼または彼女のグループを祝福したかについての短い証言（3分間）を分かち合うように言いなさい。リーダーが証言を分かち合った後、グループに彼または彼女のために祈るよう言いなさい。
- 代わりに、「前進、問題、計画、練習、祈り」のリーダーシップのトレーニングの過程を使って、リーダーと一緒にコーチの時間のひな型を作りなさい。

問題

「私たちが計画に失敗するとき、私たちは失敗するように計画しているのです。シンプルで、戦略的なプランを開発するおは難しいことです。多くのリーダーたちは、彼らの時間の多くを未来のはっきりした道のりを走るよりはむしろ問題を対処するのにほとんどの時間をかけます。」

計画

「イエスは、迷い子を探し、お救いになるためにいらっしゃいました。私たちが彼に従うとき、私たちは彼と同じようにします。彼は信奉者たちに私たちの伝導においてもあてはめることのできる明確なプランをお与えになりました。」

復習

歓迎
　誰が教会を設立しましたか？
　どうしてそれは重要なのですか？
　イエスはどのようにして彼の教会を建てましたか？
　　主によって強くなる ✋
　　福音の共有 ✋
　　信奉者の育成 ✋
　　グループと教会の創始 ✋
　　リーダーの育成 ✋

> コリント人への第一の手紙　第11章1節　わたしがキリストにならう者であるように、あなたがたもわたしにならう者になりなさい。（NAS）

イエスのようにトレーニングしなさい
　イエスはどのようにしてリーダーをトレーニングしましたか？
　　前進 ✋
　　問題 ✋
　　計画 ✋
　　練習 ✋
　　祈り ✋

> ルカによる福音書　第6章40節　弟子はその師以上のものではないが、修行をつめば、みなその師のようになろう。（HCSB）

イエスのように導きなさい
　イエスは、誰が最も偉大なリーダーであると言いましたか？ ✋
　偉大なリーダーの7つの資質とは何ですか？
　　1. 偉大なリーダーは人々を愛します ✋
　　2. 偉大なリーダーは彼らのミッションを知っています ✋
　　3. 偉大なリーダーはその弟子に仕えます ✋
　　4. 偉大なリーダーたちは、優しさによって正します ✋
　　5. 偉大なリーダーたちは、グループ内における現在の問題を知っています ✋
　　6. 偉大なリーダーたちは従うべき良い例を見せます ✋
　　7. 偉大なリーダーたちは彼が祝福されていることを知っています ✋

　　　ヨハネによる福音書　第13章14-15節　しかし、主であり、また教師であるわたしが、あなたがたの足を洗ったからには、あなたがたもまた、互いに足を洗い合うべきである。わたしがあなたがたにしたとおりに、あなたがたもするように、わたしは手本を示したのだ。

強く生きよ
　どの人格タイプが最も良いリーダーを形成しますか？
　　兵士 ✋
　　探求者 ✋
　　羊飼い ✋
　　種をまく人 ✋
　　息子／娘 ✋
　　聖なる神 ✋
　　召使い ✋
　　財産管理人 ✋

神はどの人格のタイプを最も愛されていますか？
どの人格タイプが最も良いリーダーを形成しますか？

>ローマ人への手紙　第12章4-5節　なぜなら、一つのからだにたくさんの肢体があるが、それらの肢体がみな同じ働きをしていないように、わたしたちも数は多いがキリストにあって一つのからだであり、また各自は互いに肢体だからである。

共に強くあれ
なぜ世界には8種類の人々がいるのですか？
イエスはどのようですか？
- 兵士 ✋
- 探求者 ✋
- 羊飼い ✋
- 種をまく人 ✋
- 息子／娘 ✋
- 聖なる神 ✋
- 召使い ✋
- 財産管理人 ✋

諍いが起きたときに私たちが有する3つの選択肢とはなんですか？
- 逃げ去る（人間的反応）✋
- お互いに争う（人間的反応）✋
- 神の聖霊によって道を見出し共に取り組む（聖霊の反応）✋

>ガラテア人への手紙　第2章20節　生きているのは、もはや、わたしではない。キリストが、わたしたちのうちに生きておられるのである。（NAS）

福音の共有
    私はどのようにしてシンプルな福音を共有できますか？
        金色のビーズ
        青色のビーズ
        緑色のビーズ
        黒色のビーズ
        白色のビーズ
        赤色のビーズ
    どうして私たちはイエスの助けを必要とするのですか？
        誰も、神に戻ることができるほど賢くありません。✋
        誰も、神に戻ることができるほど与えることができません。✋
        誰も神のもとに戻ることができるほど強くはありません。✋
        誰も、神に戻ることができるほど与えていません。✋

        ヨハネによる福音書　第14章6節　イエスは彼らに言われた、「わたしは道であり、真理であり、命である。だれでもわたしによらないでは、父のみもとに行くことはできない。

イエスの計画における最初のステップは何ですか？

ルカによる福音書　第10章1-4節
¹その後、主は別に七十二人を撰び、行こうとしておられたすべての町や村へ、ふたりずつ先におつかわしになった。

²そのとき、彼らに言われた、「収穫は多いが、働き人が少ない。だから、収穫の主に願って、その収穫のために働き人を送り出すようにしてもらいなさい。
³さあ、行きなさい。わたしがあなたがたをつかわすのは、小羊をおおかみの中に送るようなものである。
⁴財布も袋も持って行くな。だれにも道であいさつするな。

1. あなたの心の準備をしなさい (1-4)

(1) ペアになりなさい

「第1節において、イエスはふたりずつになりって行きなさい、と仰せになっています。多くの文化において、それは2人の男性もしくは2人の女性を意味します。パートナーなしでは、あなたは人でです。1回かける1回では、まだ1ですが、2回かける2回を2人ですると8回になります。潜在的な複製可能性が、パートナーとともに増やされます。」

困難な時は人々を落胆させます。特に、もし彼らが1人で働いているなら特にそうです。聖書を通じて、精神的なリーダーはパートナーとともに活動し、そしてイエスは彼の計画においてこれを再確認しています。

- この原理を、以下のスキットを演じることで教えなさい。

❧ 私に頼りなさい ❧

「もし、あなたがどこかに1人で伝導に行ったときに、事故が起きたらどうしますか？」

- まるであなたがあなたの伝導する地域に向っているかのように、部屋を歩き回りなさい。皆にあなたが事故にあって骨折したと伝えなさい。他者に伝導しようとする間、部屋じゅうを足を引きずって歩きなさい。それから、あなたを雷が直撃したと言いなさい。伝導しようと試みなさい、しかしあなたの首をつまみなさい。

「もしも、パートナーが私たちに加わってくれたのならば、このイベントはどう変わるでしょうか？」

- 同じシナリオを、今度はパートナーとともに繰り返しなさい。あなたのパートナーは包帯をするのを助け、事故の後にあなたの面倒を見ます。あなたのパートナーは、あなたの手に金属の杖を有しているとき、雨を避けなさい、と警告します。

「ペアになりなさい、と仰せになったとき、イエスは賢明です。彼は、トラブルが起こり、そのようなときに彼らが誰かの助けを必要とするであろうことをご存知でした。」

- 「共に」歩むために人差し指と中指を使いなさい。

「『私のイエスの計画』の最初の欄に、あなたのパートナーとなるとあなたが信じている人の名前を書きなさい。」

(1) イエスが働かれている場所に行きなさい

「私たちはイエスに従いますから、私たちは自分自身だけでは何もしません。しかし、イエスが働かれている場所を探し、彼に加わります。イエスが私たちに貴て欲しいと望んでいる場所を探すのはいつも簡単なわけではありません。良き知らせは、しかし、彼が私たちを愛し、私たちにお示しになるということです。」

- 信奉者のセミナーの「行け」のレッスンの手ぶりを復習しなさい。

「私は私自身で何も行いません。」

> 片手を心の上に置き、「いいえ」と首を振りなさい。

「私たちは、神が働かれている場所を探します。」

> 片手を目の上に置いて、左右を探します。

「彼が働いている場所に、私たちは加わります。」

> あなたの正面の場所を指差し、首を「はい」と振りなさい。

「それから私は彼が私を愛し、私にお示しになるであろうことを知っています。」

> 祈りのために手を挙げ、それからあなたの心の上でそれで十字をきりなさい。

「『私のイエスの計画』の最初の欄に、神が働いている場所と彼があなたに行くようお呼びになっている場所を書きなさい。」

(2)収穫からリーダーのために祈りなさい

「第2節では、イエスは私たちに私たちが行く前に仕事のために祈るよう命令します。イエスは、彼の計画を抱える前にゆっくりと祈ります。私たちもまた、私たちの計画を始める前に私たちが行く前に、仕事のために祈るよう命令します。イ

私たちが祈るとき、私たちは私たちのチーム、彼らの活動の仕方、そして私たちが達するべき人々を賞賛します。

　　✋ 賞賛
　　崇拝のために手をあげなさい。

「私たちは私たちの生活における罪を後悔します。私たちは私たちに従う人々のいかなる罪も後悔します（例えば、迷信、偶像崇拝、アムレットの使用など）。」

　　✋ 後悔
　　掌を返して手を覆いなさい。頭を振り向けなさい。

「それから、神に、私たちが向う場所における地元のリーダーを与えたもうよう言いなさい。私たちは神に、イエスに従うよう尋ねますから、他者が私たちに従うとき、彼らはイエスに従っているのです。」

✋ 尋ねる
　　受け取るために手をカップ状にします。

「最後に、私たちに神がしてほしいことのために叫びます。」

✋ 叫び
　　手を祈りの形に組み、そして額に高く掲げ、尊敬をシンボル化しなさい。

「『私のイエスの計画』の最初の欄に、あなたが向う場所の潜在的なリーダーたち（あなたはその人々のために祈ります）の名前を書きなさい。」

(3)謙虚に行きなさい

「第3節において、イエスは、彼は狼の中の子羊としてお送りになったので、私たちは謙虚にと仰せになりました。人々は謙虚な心から来るメッセージに耳を傾けるでしょう。彼らは、私たちが傲慢であると信じていたら聞き入れることはないでしょう。」

- この原理を、以下のスキットを演じて練習しなさい。

❦ 大きなリーダー ❦

「もし私たちがこのようにして彼らの町に現れたならば、村の人々はどのように考えるでしょう？」

- 胸をつきだして「私は偉大なリーダーです。あなたたちは私の言うことを聞かなくてはいけませ

ん」いいながら歩き回って下さい。あなたが最大で、最高であると考えていることを他の人々に知らせなさい。

「謙虚に行きなさい、と仰せになったとき、イエスは賢明でした。人々は、伝達者が謙虚であるときに最も受け入れやすく、他者を助ける心を有しています。誰も、傲慢な人を好きではありません。」

🖐 謙虚に行きなさい。
「祈りの手」のポジションに手を置いて、おじぎをしなさい。

「私のイエスの計画」の最初の欄に、以下の質問の答えを書きなさい：あなたにとって、「謙虚に行きなさい」は何を意味しますか？

(4)金ではなく、神に頼りなさい。

「私たちが布教や伝導を行うとき、イエスの計画において、イエスは私たちに明確な原理をお与えになりました。キリスト教の歴史を通じて、リーダーたちはこれらの原理のうちの1つを無視してきたために、布教において多くの過ちを犯してきました。イエスは私たちに、私たちの布教や伝導は、お金ではなく、神に従うべきであると仰せになりました。私たちは神もしくはお金に仕えることができますが、両方に仕えることはできません。私たちは、私たちが行う全てのものについて神に従うべきであって、お金に従うべきではありません。」

- この原理を、以下のスキットを演じて練習しなさい。

金は蜜のようなもの

「もし私たちがこのようにして彼らの町に現れたならば、村の人々はどのように考えるでしょう？」

- バッグをかかえて、村に入ったふりをしなさい。リーダーの中の1人に近づき、「私たちは村で新しい教会を始めます。お金は腐るほどあります。来て、私があなたのためにできることを見てみなさい！」同じスピーチを、グループ内の複数のリーダーに繰り返しなさい。

「お金を信じるべきではない、と仰せになったとき、イエスは賢明でした。布教において、人々は、イエスが神の子であり世界の救世主であるために、イエスのもとに来るべきであって、金銭と援助の約束のためではありません。金は蜜のようなものであり、もし、それに頼り、神に頼らなかったとしたら、トラブルを誘発します。」

- 金ではなく、神に頼りなさい
  あなたのシャツのポケットからお金をとるふりをして、あなたの首を「いいえ」と振り、それから天を指差して「はい」と言いなさい。

「『私のイエスの計画』の最初の欄を埋め、あなたの新しい布教や年度が初年度いくらかかるかを書きなさい。」

(4) イエスが呼んでいる場所に直接行きなさい

「イエスは、第4節において、私たちに誰にも道で挨拶するな、と仰っています。彼は私たちに、無礼にな

るのではなく、彼が私たちに与えた使命に集中し続けることに集中するよう命じられました。私たちの多くは、いとも簡単に、最も良き行いをせずに、良き行いをすることから逸れてしまいます。」

- この原理を、以下のスキットを演じて練習しなさい。

❧ 良き放心 ❧

「もし私たちがこのようにして彼らの町に現れたならば、村の人々はどのように考えるでしょう？」

- 皆に、使徒がこの原理を示すつもりであることを伝えなさい。部屋の他方のグループを指差して、言いなさい：

「人々のグループは私の友人に、来て、助けるよう言いました。何が起こったか見てみましょう。」

- 使徒はリーダーたちに、まるで彼がそれをしているかのように何をしたかを説明します。使徒は、助けを必要としている人々のグループに取りかかりますが、彼は彼の友達にさよならをしなくてはならないことを覚えていなくてはいけません。彼は彼の友達と座り、しばらく彼らと話します。数分後、彼は布教に行かなくてはいかないことを「思い出します」。彼は立ち上がり、また始めますが、彼はお金を妹から借りていることを思い出して、彼女の家に行きます。彼女は、ディナーで彼をもてなし、一晩泊まっていくよう言います。彼が三度目に旅たったとき、彼はもう1つの文化的に適した言い訳をします。最後に、彼は布教すべき地

域に達しますが、今や村の誰も、彼の話を聞こうとはしません。

「イエスは、私たちに直接布教すべき地域に行きなさい、と仰せになったとき、賢明でした。この世に対する関心はいとも簡単に私たちを惑わせ、神が布教すべき地域において何をなさっているのかを忘れさせる原因となります。」

> ✋ 両手の掌と指を一緒にあわせて、「まっすぐ行け」の仕草をします。

「『私のイエスの計画』の最初の欄に、あなたの直面するであろう誘惑のリストを書き出しなさい。」

節を暗唱しなさい。

> *ルカによる福音書　第10章2節*
> そのとき、彼らに言われた、「収穫は多いが、働き人が少ない。だから、収穫の主に願って、その収穫のために働き人を送り出すようにしてもらいなさい。」

- 全員がたち、10回節を一緒に言って覚えましょう。最初の6回は、学習者は自身の聖書や生徒手帳を使います。最後の4回は、節を暗記して言います。学習者は、彼らが節を引用する度に、節の参照個所を言い、そして言い終えたときに座らなくてはいけません。
- この習慣に従うことで、トレーナーは、「練習」セクションにおけるレッスンを終えたのがどのチームかを知ることができます。

練習

- リーダーたちを4つのグループに分けなさい。このリーダーシップのレッスンにおいて、トレーニングのプロセスを使うように言い、以下の質問に答えなさい。
- 段階的なトレーニングのプロセスを通じてリーダーの周りを歩き、以下のセクションについて論じるために、7-8分をそれぞれ与えなさい。

前進

「あなたのグループにとって、どのステップが最も簡単ですか？」

問題

「あなたのグループにとって、どのステップが最も困難ですか？」

計画

「次の30日間、イエスの計画のこのステップに従うために、あなたがグループ内で始めるタスクはなんですか？」

- 後で相手のために祈ることができるよう、全員が、パートナーの計画を録音しましょう。

練習

「次の30日間、イエスの計画のこのステップに従うために、あなたがグループ内で向上させるタスクはなんですか？」

- 後で相手のために祈ることができるよう、全員が、パートナーの計画を録音しましょう。
- 彼らが練習するスキルについてそれぞれの人々が分かち合った後に、グループのメンバーは、立って、10回暗記した節を唱えます。

祈り

- お互いの計画のために祈る時間をとりなさい

エンディング

私のイエスの計画

- 「イエスの計画」のページまで、彼らの参加者ガイドをさかのぼるようリーダーたちに言いなさい。

「このセッションのノートを使って、あなたのイエスの計画の最初の欄−どのようにしてあなたがあなたの仕事をなすか—を埋めなさい。ルカによる福音書第10章におけるイエスの布教の原理にあなたがどのようにして従うのかについての特定の詳細を書きなさい。」

私のイエスの計画

現在
- 人口 -
- 信者 -
- 教会 -

ヴィジョン
- 人口 -
- 信者 -
- 教会 -

誰が行くのか	私たちはどこへ行くのか	私たちはどうするのか	私たちがどのようにして行くのか

8

グループの創始

　リーダーたちは、いすの計画の第1において彼らの心を準備する必要があります。「グループの創始」のレッスンはステップ2、3、そして4をカバーします。私たちはルカによる福音書第10章におけるイエスの計画の原理にただ従うことで、伝導や布教における多くの過ちを回避することができます。リーダーたちは、これらの原理を、セッションの終わり、彼らが彼らの個人的な「イエスの計画」を埋めたときに、適用します。

　ステップ2は、関係性を発達させることについてです。私たちは、神が活動されている場所に加わり、メッセージに反応する影響されやすい人々を探します。私たちは彼らに受け入れを示すために、彼らが私たちに差し出したものを食べ、飲みます。友情を点々としてはいけません、というのもこのことは私たちの説く和解のメッセージに反するものだからです。

ステップ3において、私たちは良き知らせを分かち合います。イエスは羊飼いであり、人々のために守り、供給したいのです。このステップにおいて、トレーナーたちは彼らが布教するよき、癒しをもたらす方法をリーダーたちに勧めます。人々はあなたが関心があるということを知るまでは、あなたに関心を寄せません。病人を癒すことは、福音を分かち合う道を開くのです。

　私たちは、ステップ4における結果と調整を評価します。人々はどのぐらい反復的ですか？そこには精神的な問題についての真の関心がありますか？もしくは金が彼らの好奇心をかき立てた、といった、他の理由がありますか？もし人々が反応しているのならば、私たちはここにいて、布教を続けます。もし、人々が反応しないのならば、イエスは私たちに去り、その他の場所に移るよう命じます。

崇拝

- 共に、2つの礼拝の歌を歌いなさい。リーダーに、このセッションのために祈るよう言いなさい。

前進

- トレーニングにおける他のリーダーに、神がどのようにして彼または彼女のグループを祝福したかについての短い証言（3分間）を分かち合うように言いなさい。リーダーが証言を分かち合った後、グループに彼または彼女のために祈るよう言いなさい。
- 代わりに、「前進、問題、計画、練習、祈り」のリーダーシップのトレーニングの過程を使って、リーダーと一緒にコーチの時間のひな型を作りなさい。

問題

「多くのとき、信者たちは良い心を持ち、彼らの共同体に達することについての情熱を有しています。彼らはしかしながら、彼らの目的にフィットしたシンプルな計画を持ち合わせていません。多くは試行錯誤によってグループを創始しますが、この方法は時間とエネルギーを無駄にします。イエスは、どのようにしてグループを創始するかについて、明確なインストラクションを弟子に与えます。私たちが彼の計画に従うとき、私たちは彼が活動している場所に加わり、不必要な過ちを避けます。」

計画

「このレッスンのゴールは、イエスのインストラクションに従った良い信奉者のグループを作る方法をあなたに示します。私たちは平安な人々を探し、そして彼らの物理的・精神的な要求に応えます。イエスは、彼のプランの最後に、私たちの活動を評価するようにも命じます。」

復習

歓迎
誰が教会を設立しましたか？
どうしてそれは重要なのですか？
イエスはどのようにして彼の教会を建てましたか？
主によって強くなる 🖐
福音の共有 🖐
信奉者の育成 🖐
グループと教会の創始 🖐
リーダーの育成 🖐

コリント人への第一の手紙　第11章1節　わたしがキリストにならう者であるように、あなたがたもわたしにならう者になりなさい。（NAS）

イエスのようにトレーニングしなさい
　イエスはどのようにしてリーダーをトレーニングしましたか？
　　前進 🖐
　　問題 🖐
　　計画 🖐
　　練習 🖐
　　祈り 🖐

ルカによる福音書　第6章40節　弟子はその師以上のものではないが、修行をつめば、みなその師のようになろう。（HCSB）

イエスのように導きなさい
　イエスは、誰が最も偉大なリーダーであると言いましたか？ 🖐
　偉大なリーダーの7つの資質とは何ですか？
　　1. 偉大なリーダーは人々を愛します 🖐
　　2. 偉大なリーダーは彼らのミッションを知っています 🖐
　　3. 偉大なリーダーはその弟子に仕えます 🖐
　　4. 偉大なリーダーたちは、優しさによって正します 🖐
　　5. 偉大なリーダーたちは、グループ内における現在の問題を知っています 🖐
　　6. 偉大なリーダーたちは従うべき良い例を見せます 🖐
　　7. 偉大なリーダーたちは彼が祝福されていることを知っています 🖐

ヨハネによる福音書 第13章14-15節 しかし、主であり、また教師であるわたしが、あなたがたの足を洗ったからには、あなたがたもまた、互いに足を洗い合うべきである。わたしがあなたがたにしたとおりに、あなたがたもするように、わたしは手本を示したのだ。

強く生きよ
どの人格タイプが最も良いリーダーを形成しますか？
兵士 ✋
探求者 ✋
羊飼い ✋
種をまく人 ✋
息子／娘 ✋
聖なる神 ✋
召使い ✋
財産管理人 ✋
神はどの人格のタイプを最も愛されていますか？
どの人格タイプが最も良いリーダーを形成しますか？

ローマ人への手紙 第12章4-5節 なぜなら、一つのからだにたくさんの肢体があるが、それらの肢体がみな同じ働きをしていないように、わたしたちも数は多いがキリストにあって一つのからだであり、また各自は互いに肢体だからである。

共に強くあれ
なぜ世界には8種類の人々がいるのですか？
イエスはどのようですか？
兵士 ✋
探求者 ✋

羊飼い ✋
種をまく人 ✋
息子／娘 ✋
聖なる神 ✋
召使い ✋
財産管理人 ✋
諍いが起きたときに私たちが有する3つの選択肢とはなんですか？
逃げ去る（人間的反応）✋
お互いに争う（人間的反応）✋
神の聖霊によって道を見出し共に取り組む（聖霊の反応）✋

ガラテア人への手紙　第2章20節　生きているのは、もはや、わたしではない。キリストが、わたしたちのうちに生きておられるのである。(NAS)

福音の共有
　私はどのようにしてシンプルな福音を共有できますか？
　　金色のビーズ
　　青色のビーズ
　　緑色のビーズ
　　黒色のビーズ
　　白色のビーズ
　　赤色のビーズ
　どうして私たちはイエスの助けを必要とするのですか？
　　誰も、神に戻ることができるほど賢くありません。✋
　　誰も、神に戻ることができるほど与えることができません。✋

誰も神のもとに戻ることができるほど強くはありません。✋
誰も、神に戻ることができるほど与えていません。✋

ヨハネによる福音書　第14章6節　イエスは彼らに言われた、「わたしは道であり、真理であり、命である。だれでもわたしによらないでは、父のみもとに行くことはできない。」

信奉者の育成
　イエスの計画における最初のステップは何ですか？
　　あなたの心の準備をしなさい(1-4) ✋
　　　ペアになりなさい ✋
　　　イエスが働かれている場所に行きなさい ✋
　　　収穫からリーダーのために祈りなさい ✋
　　　謙虚に行きなさい ✋
　　　金ではなく、神に頼りなさい。 ✋
　　　イエスが呼んでいる場所に直接行きなさい ✋

ルカによる福音書　第10章2-4節　そのとき、彼らに言われた、「収穫は多いが、働き人が少ない。だから、収穫の主に願って、その収穫のために働き人を送り出すようにしてもらいなさい。さあ、行きなさい。わたしがあなたがたをつかわすのは、小羊をおおかみの中に送るようなものである。財布も袋も持って行くな。だれにも道であいさつするな。」

イエスの計画の中の2つめのステップは何ですか？

> ⁵どこかの家にはいったら。まず『平安がこの家にあるように』と言いなさい。
> ⁶もし平安の子がそこにおれば、あなたがたの祈る平安はその人の上にとどまるであろう。もしそうでなかったら、それはあなたがたの上に帰って来るであろう。
> ⁷それで、その同じ家に留まっていて、家の人が出してくれるものを飲み食いしなさい。働き人がその報いを得るのは当然である。家から家へと渡り歩くな。
> ⁸どの町へはいっても、人々があなたがたを迎えてくれるなら、前に出されるものを食べなさい。

2. 友情を育みなさい（5-8）。

平安の人を見つけなさい（5、6）

「第5節と第6節では、イエスは私たちに平安の人々を探すよう命じられています。平安の民は、あなたが行く場所において、神を求めている人です。あなたが彼らに、精神的な問題について話しかけたとき、彼らは興味を示してもっと多くのことを学びたがります。神は既に、彼自身に、この人を引き寄せ、働きかけているのです。私たちの証言を分かち合うことは、いつも、平安の民を探す良き方法となります。」

- あなたのイエスの計画の2つめの欄に、あなたが目標とするエリアにおいて、気付いていることについて書き記しなさい。

- ✋ 平安の民
  友達が握手をしているかのように手をたたきなさい。

彼らがあなたに与えたものを食べ、飲みなさい(7、8)

第7節において、「家の人が出してくれるものを飲み食いしなさい。」とイエスが仰ることについて、あなたはどう思いますか。私たちが友情を築くとき、彼は私たちに、文化的に敏感であってほしいと願っています。これをなす最良の方法は、あなたのホストが出してくれるものを飲み食いすることなのです。

時に、あなたはあなたのお腹に普段ない食べ物が入ったときに神の慈悲を乞いたくなるでしょう。しかしながら、あなたが尋ねたならば、あなたは受け取るのです。人々は、彼らが飲み食いするものを私達が食べたとき、愛され、受け入れられたと感じることを覚えていて下さい。

- あなたのイエスの計画の2つめの欄に、あなたが目標とするグループの、気をつけておくべき習慣や食の好みについて書きなさい。

  - ✋ 飲み食いしなさい
    飲み食いするふりをしなさい。それから、食べ物が美味しかったかのようにお腹をこすりなさい。

家から家へと移動してはなりません(7)

「第7節において、イエスは、村において、私たちを繋いだ人の家に留まるように言います。友情を育むには時間がかかり、そして全ての関係性は、おりおり、争いと問題を生じます。もし、私たちが問題の兆しを見て移動したのならば、私たちが説いている和解のメッセージの信用を落とします。」

- ✋ 家から家へと移動しないでください
  両手で家の屋根の輪郭を作りなさい。家を複数の場所に動かし、「いいえ」と首を振りなさい。

- 以下のスキットを演じることで、イエスの計画の2段階目の原理を教えなさい。

どのようにして村を怒らせるのか

「もし私たちがこのようにして彼らの町に現れたならば、村の人々はどのように考えるでしょう？」

- 皆に、あなたとあなたのパートナーがこれまでイエスの計画に従って来た、と伝えなさい。あなたはペアで伝導します。あなたが祈り、あなたは謙虚に行き、そしてあなたはお金に頼っていません。神は村で働いており、そしてあなた方2人はまっすぐそこに生きます。今何が起こっているかを見て、村人がどのように反応するか見るよう彼らに伝えなさい。

- リーダーたちにトレーニング・グループが村であると伝えなさい。人々の集団は、村にある家です。
- 最初の家に行き、祝福を与え、彼らとともに座り、そして一緒に座ります。彼らに、とてもお腹がすいているので何か食べるものはないか、と尋ねなさい。あなたのゲストがあなたに食べ物を運んで来た後で、食べて、酸っぱい、という顔をしなさい。それから、あなたのパートナーに、ここでは食べ物が良くなく、死んでしまうと思うから、これ以上長くはいられない、と伝えなさい。まるでお腹が痛いかのようにお腹をさすり、さようならを伝えなさい。
- 2件目の家に行き、祝福を与え、彼らと一緒に座り、そして一晩を共にすることに合意しなさい。眠る「ふり」をしなさい。それから、あなたのパートナーに、ここでは家にいる男がとても五月蝿くいびきをかくから、これ以上長くはいられない、と伝えなさい。まるで一晩中寝不足であったかのように目をさすり、さようならを伝えなさい。
- 3件目の家に行き、祝福を与え、彼らと一緒に座り、そしてしばらく一緒にいなさい。それから、あなたのパートナーに、ここでは耳が痛くなるようなゴシップがあまりにも多いので、これ以上長くはいられない、と伝えなさい。耳をさすり、さようならを伝えて去りなさい。
- 最後の家に行き、祝福を与え、彼らと一緒に座り、そしてしばらく一緒にいなさい。皆に、あなたがこの家には美しい娘がいるということを聞いたと伝えなさい。あなたは、あなたの友達が奥さんを探す助けをしようとしています。家のメンバーに、あなたのパートナーの素晴らしい性質を伝えなさい。神があなたのパートナーに、彼らの美

しい娘と結婚してほしがっているのだ、ということを説明しなさい。

「私たちがこの村で福音を分かち合うとき、村人はどのように考えるでしょうか？彼らは、私たちに敬意がないと考えるでしょう。私たちが関心をもっているのは、彼らが私たちに何を与えることができるか、です。イエスの計画に従うことは、私たちが多くの過ちを犯すのを防いでくれます。」

- あなたが滞在している間、あなたはその家庭に対して何ができるかをあなたのイエスの計画を2つめの欄に書きなさい。あなたが彼らの祝福となり得る具体的な方法は何ですか？

イエスの計画の第3ステップは何ですか？

ルカによる福音書　第10章9節
そして、その町にいる病人をいやしてやり、『神の国はあなたがたに近づいた』と言いなさい。

3. 良き知らせを共有しなさい

病人を癒しなさい（9）

「イエスの務めは、肉体的・精神的な必要性を含みます。私たちは、共同体を発達させたり、水の供給源を向上させたり、医学や歯学の面で援助をもたらしたり、病人のために祈ったり、カウンセリングをしたりするあらゆる方法で、人々のグループもしくは村に癒しをもたらすことができます。」

- あなたのイエスの計画の2つめの欄に、あなたの伝導を通じて共同体の肉体的なニーズに応えることのできる実践的な方法について書き記しなさい。

  - 病人を癒す
    まるであなたが癒すために横たわっている人に手をあてているかのように腕を広げなさい。

福音の共有(9)

「良き知らせを分かち合うことの第2の部分は、福音の共有です。」

- 福音の腕輪を用いて福音を復習しなさい

「もし人々が彼らのコンテキストにおいてそれを理解することができるとき、良き知らせはただの良きしらせにすぎません。福音を公布することにおける大切な点は、それを聞いたひとにとって意味のあるものとすることです。」

  - 福音の共有
    まるでメガホンを持っているかのように、口のまわりに手をあてなさい。

- 以下のスキットを演じることによってイエスの戦略の第3のステップの原理を教えなさい。

⁂ 2つの羽の鳥 ⁂

「イエスじゃ病人を癒し、福音を説きなさいと仰せになりました。それは、鳥の2つの羽のようです。飛ぶためには、両方が必要なのです！」

- ボランティアを頼みなさい。ボランティアは才能のある福音伝導者であり、あなたは病人を癒すことを最も得意としていることを説明しなさい。
- ボランティアに、まるで羽があるかのように両手をあげるよう言いなさい。彼の右腕は福音の伝導において強いが、左腕は弱いということを説明しなさい（彼に、彼の右腕を左腕よりも小さくするよう言いなさい）。
- まるで羽があるかのようにあなたの両手をあげるよう言いなさい。彼の左腕は病人の治癒において強いが、右腕は弱いということを説明しなさい。あなたは福音の共有に弱いのです。ボランティアに、彼の強い羽と弱い羽で飛ぶよう言いなさい。あなたも同じことをします。（あなたたちは共に、円になってくるくる回ります。）

「もし、私たちが一緒に働くと決めたとき、結果はどう変わるでしょう？」

- あなたの「弱い」腕（福音伝導）をボランティアの「弱い」腕と合わせなさい（病人治癒）。

「私たちが私たちの強みを共にし、共に働くとき、私たちは飛ぶことができます。」

- あなたとボランティアはあなたの「強い」腕をともにし、そして、部屋を「飛び」ます。

イエスの計画の第4ステップは何ですか？

> ルカによる福音書　第10章10-11節
> しかし、どの町へはいっても、人々があなたがたを迎えない場合には、大通りに出て行って言いなさい、『わたしたちの足についているこの町のちりも、ぬぐい捨てて行く。しかし、神の国が近づいたことは、承知しているがよい。』

4. 結果を評価し、適応させなさい

彼らがどのように反応したか評価しなさい（10、11）

「いかなるミッションでも長いタームでの成功への鍵は評価する能力です。このステップでは、イエスは私たちに人々が応答する方法を分析し、私たちの計画を訂正するよう仰せになります。」

時に、人々は私たちのメッセージを理解していなかったために応答しないので、私たちはそれを明らかにする必要があります。またある時は、人々は彼らの人生に罪があるために応答しませんから、私たちは彼らとともに神の赦しを分かち合わなくてはなりません。また、他の者たちは彼らの過去におけるネガティブな経験によって拒否しますから、私たちは彼らを愛し神の家族のもとに返してあげます。時が来れば、しかしながら、私たちは私たちが一緒に働いている人々のオープンさを評価し、私たちの計画を適切に適応させる必要があります。

イエスの計画の鍵となるステップは「私たちが始める前に」私たちがどのようにして結果を評価するかを決定します。

- あなたのイエスの計画の2つめの欄に、この伝導もしくは布教における「成功」がどうなるか？を書きなさい。彼らの応答をあなたはどのように評価しますか？

  ✋ 結果を評価しなさい
  まるで天秤のように掌を外側にしなさい。あなたの顔に不思議そうな表情を浮かべて、天秤を上下にさせなさい。

もし彼らが応えないのならば去りなさい (11)

「イエスの計画の原理の最後は多くの人々にとって困難なものです。私たちは、もし彼らが応えなかったとき、私たちは布教をしている土地を離れるべきです。多くの場合、私たちは何かが変わると信じ続けます。私たちはそれが動く時間になったとき、願い続けます。」

「布教の戦略的な部分は、いつが動き出す時であるのかを決定します。ある人はとても早すぎる時に去りたがりますが、またある人は遅すぎる時に過ぎ去りたがります。友情を後にすることは決して簡単ではありませんが、イエスがもし人々が応答しない場合、去れと命令されたことを覚えていることは大切です。」

彼らが応えないと決断するまでに、あなたはどのくらい人々に投資するべきでしょうか？1日でしょうか？1ヶ月でしょうか？それとも1年でしょうか？全ての伝導の状況は異なります。現実には、人々は、彼らがイエ

スの計画に従わなかったためにあまりに長くいすぎて他の場所における神の祝福を逃します。

- あなたのイエスの計画の2つめの欄に、神があなたにお与えになったミッションを遂行するために何ヶ月滞在する必要があるかを書きなさい。もし、このグループの人々が福音に応えなかったとき、あなたがどこで次に向いますか？

    ✋ もし結果がないのなら去りなさい
    さようならをしなさい。

節を暗唱しなさい

> ルカによる福音書 第10章9節
> そして、その町にいる病人をいやしてやり、『神の国はあなたがたに近づいた』と言いなさい。

- 全員がたち、10回節を一緒に言って覚えましょう。最初の6回は、学習者は自身の聖書や生徒手帳を使います。最後の4回は、節を暗記して言います。学習者は、彼らが節を引用する度に、節の参照個所を言い、そして言い終えたときに座らなくてはいけません。
- この習慣に従うことで、トレーナーは、「練習」セクションにおけるレッスンを終えたのがどのチームかを知ることができます。

練習

- リーダーたちを4つのグループに分けなさい。このリーダーシップのレッスンにおいて、トレーニングのプロセスを使うように言いなさい。

- 段階的なトレーニングのプロセスを通じてリーダーの周りを歩き、以下のセクションについて論じるために、7-8分をそれぞれ与えなさい

前進

「あなたのグループにとって、どのステップが最も簡単ですか？」

問題

「あなたのグループにとって、どのステップが最も困難ですか？」

計画

「次の30日間、イエスの計画のこのステップに従うために、あなたがグループ内で始めるタスクはなんですか？」

- 後で相手のために祈ることができるよう、全員が、パートナーの計画を録音しましょう。

練習

「次の30日間、イエスの計画のこのステップに従うために、あなたがグループ内で向上させるタスクはなんですか？」

- 後で相手のために祈ることができるよう、全員が、パートナーの計画を録音しましょう。

- 「次の30日間、イエスの計画のこのステップに従うために、あなたがグループ内で始めるタスクはなんですか？」

祈り

- お互いの計画のために祈る時間をとりなさい。神が、グループの発展を助け続け、彼らの弱点を強化し続けるよう祈りなさい。

エンディング

私のイエスの計画

- 「イエスの計画」のページまで、彼らの参加者ガイドをさかのぼるようリーダーたちに言いなさい。

  「このセッションにおけるノートを用いて、あなたのイエスの計画の2つ目と3つ目の欄を埋めなさい。これらの欄は、私たちの平安の民が誰であり、私たちがどのようにして彼らを伝導するかを示します。あなたがどのようにしてルカによる福音書第10章における、伝導のためのイエスの原理に従うかについての詳細を書きなさい。」

9

グループの複製

健康的な複製可能な教会は、神によって強く生き、福音を共有し、信奉者を育成し、グループを創始し、そしてリーダーをトレーニングした結果です。しかしながら、多くのリーダーたちは教会を創始したことがなく、どのようにして始めたらいいのか分かっていません。『グループの複製』は、教会へとつながるグループを創始するときに私たちが焦点を当てるべき場所を紹介します。使徒行伝では、イエスは、4つの異なった地域においてグループを創始するよう仰せになりました。彼は、私たちが既にいる地域や都市においてグループを創始するよう言います。それから、彼は近所の地域および異なった民族のグループにおいて新しい共同体を創始するよう言います。最後に、イエスは、遠くの場所に行って世界の全ての民族のもとへ行くよう言います。トレーナーは全ての人々のためにイエスの心を受け入れることを推奨し、そして彼らがイェルサレム、ユダヤ、ソマリア、に到着する計画を練

ります。リーダーたちは、彼らの「イエスの計画」にこれらの任務を付け加えます。

　使徒行伝には、また、グループを創始するものとして4種類の仕事についてが記されています。牧師ペテロは、コルネリウスの家においてグループを創始する助けをしました。平信徒パウロは、ローマ帝国中を歩き、グループを創始しました。自営業のオーナーであるプリシラとアキラは、彼らの商売が導く場所であればどこでもグループを創始しました。使徒行伝における「迫害された」人々は、彼らが行くところではどこでもグループを創始しました。このレッスンでは、リーダーたちは、彼らの影響の流れの中で、グループの創始者となりうる人を特定し、彼らをその「イエスの計画」に加えます。このセッションは、教会の設立には莫大な資金が必要であるという推測を表明することで終わります。多くの教会は、聖書よりもわずかばかり高価な、家庭において、始まるのです。

賞賛

- 共に、2つの礼拝の歌を歌いなさい。リーダーに、このセッションのために祈るよう言いなさい。

前進

- トレーニングにおける他のリーダーに、神がどのようにして彼または彼女のグループを祝福したかについての短い証言（3分間）を分かち合うように言いなさい。リーダーが証言を分かち合った後、グループに彼または彼女のために祈るよう言いなさい。
- 代わりに、「前進、問題、計画、練習、祈り」のリーダーシップのトレーニングの過程を使って、リーダーと一緒にコーチの時間のひな型を作りなさい。

問題

「既存のグループや教会を導くことは簡単ではありません。他のグループや教会を創始する、という考えは不可能のように思えます。教会は、どのようにして限られたお金、時間、あるいは人々を使うか葛藤しています。イエスは、私たちの財産管理人的な必要性をご存知でありながらなお、私たちに新しい教会を始めるよう命令するのです。」

私たちがグループもしくは教会を創始するときに直面するもう1つの問題は、多くの信者たちがグループもしくは教会を創始したことが全くない、ということです。牧師、リーダー、ビジネスマン、そして教会のメンバーは、「真の」教会たらしめるものは何かという図式を心に留めています。このことは殆どの場合、母体となる教会とそっくりな教会を創始することと解釈されますが、このことはほぼ、新しい教会が失敗に終わることを保証するのです。

計画

「あなたは5000人から40000人の信者へとどのようにして増やすかについて私たちが話したことについて覚えていますか？その成長への鍵は、新しいグループを創始する全ての信者です。このレッスンでは、私たちは私たちがグループを創始すべき4つの地域を学びます。それから、私たちは使徒行伝におけるグループを創始した4つのタイプの人々を確認します。」

復習

歓迎
　誰が教会を設立しましたか？
　どうしてそれは重要なのですか？
　イエスはどのようにして彼の教会を建てましたか？
　　主によって強くなる ✋
　　福音の共有 ✋
　　信奉者の育成 ✋
　　グループと教会の創始 ✋
　　リーダーの育成 ✋

> コリント人への第一の手紙　第11章1節　わたしがキリストにならう者であるように、あなたがたもわたしにならう者になりなさい。(NAS)

イエスのようにトレーニングしなさい
　イエスはどのようにしてリーダーをトレーニングしましたか？
　　前進 ✋
　　問題 ✋
　　計画 ✋
　　練習 ✋
　　祈り ✋

> ルカによる福音書　第6章40節　弟子はその師以上のものではないが、修行をつめば、みなその師のようになろう。(HCSB)

イエスのように導きなさい
　イエスは、誰が最も偉大なリーダーであると言いましたか？ ✋
　偉大なリーダーの7つの資質とは何ですか？
　　1. 偉大なリーダーは人々を愛します ✋

2. 偉大なリーダーは彼らのミッションを知っています 🖐
3. 偉大なリーダーはその弟子に仕えます 🖐
4. 偉大なリーダーたちは、優しさによって正します 🖐
5. 偉大なリーダーたちは、グループ内における現在の問題を知っています 🖐
6. 偉大なリーダーたちは従うべき良い例を見せます 🖐
7. 偉大なリーダーたちは彼が祝福されていることを知っています 🖐

> ヨハネによる福音書　第13章14-15節　しかし、主であり、また教師であるわたしが、あなたがたの足を洗ったからには、あなたがたもまた、互いに足を洗い合うべきである。わたしがあなたがたにしたとおりに、あなたがたもするように、わたしは手本を示したのだ。

強く生きよ

どの人格タイプが最も良いリーダーを形成しますか？
- 兵士 🖐
- 探求者 🖐
- 羊飼い 🖐
- 種をまく人 🖐
- 息子／娘 🖐
- 聖なる神 🖐
- 召使い 🖐
- 財産管理人 🖐

神はどの人格のタイプを最も愛されていますか？
どの人格タイプが最も良いリーダーを形成しますか？

ローマ人への手紙　第12章4-5節　なぜなら、一つのからだにたくさんの肢体があるが、それらの肢体がみな同じ働きをしていないように、わたしたちも数は多いがキリストにあって一つのからだであり、また各自は互いに肢体だからである。

共に強くあれ
　なぜ世界には8種類の人々がいるのですか？
　イエスはどのようですか？
　　兵士
　　探求者
　　羊飼い
　　種をまく人
　　息子／娘
　　聖なる神
　　召使い
　　財産管理人
　諍いが起きたときに私たちが有する3つの選択肢とはなんですか？
　　逃げ去る（人間的反応）
　　お互いに争う（人間的反応）
　　神の聖霊によって道を見出し共に取り組む（聖霊の反応）

　　ガラテア人への手紙　第2章20節　生きているのは、もはや、わたしではない。キリストが、わたしたちのうちに生きておられるのである。(NAS)

福音の共有
　私はどのようにしてシンプルな福音を共有できますか？
　　金色のビーズ
　　青色のビーズ

緑色のビーズ
黒色のビーズ
白色のビーズ
赤色のビーズ

どうして私たちはイエスの助けを必要とするのですか？

誰も、神に戻ることができるほど賢くありません。🖐

誰も、神に戻ることができるほど与えることができません。🖐

誰も神のもとに戻ることができるほど強くはありません。🖐

誰も、神に戻ることができるほど与えていません。🖐

ヨハネによる福音書　第14章6節　イエスは彼らに言われた、「わたしは道であり、真理であり、命である。だれでもわたしによらないでは、父のみもとに行くことはできない。」

信奉者の育成

イエスの計画における最初のステップは何ですか？

あなたの心の準備をしなさい(1-4) 🖐

ペアになりなさい 🖐

イエスが働かれている場所に行きなさい 🖐

収穫からリーダーのために祈りなさい 🖐

謙虚に行きなさい 🖐

金ではなく、神に頼りなさい。🖐

イエスが呼んでいる場所に直接行きなさい 🖐

ルカによる福音書　第10章2節　そのとき、彼らに言われた、「収穫は多いが、働き人

が少ない。だから、収穫の主に願って、その収穫のために働き人を送り出すようにしてもらいなさい。」

グループの創始
　イエスの計画の中の2つめのステップは何ですか？
　　友情を育みなさい ✋
　　　平安の民を探しなさい
　　　彼らがあなたに与えたものを食べ、飲みなさい
　　　家から家へと移動してはなりません
　イエスの計画の第3ステップは何ですか？
　　良き知らせを共有しなさい ✋
　　　病人を癒しなさい
　　　福音の共有
　イエスの計画の第4ステップは何ですか？
　　結果を評価し、適応させなさい ✋
　　　返答を評価しなさい
　　　もし彼らが応えないのならば去りなさい

　ルカによる福音書　第10章9節　そして、その町にいる病人をいやしてやり、『神の国はあなたがたに近づいた』と言いなさい。

イエスが信者たちにグループを創始するよう言った4つの場所はどこですか？

　使徒行伝　第1章8節　ただ、聖霊があなたがたにくだる時、あなたがたは力を受けて、エルサレム、ユダヤとサマリヤの全土、さらに地のはてまで、わたしの証人となるであろう。」

1. イェルサレム

    「イエスは彼らが住んでいるのと同じ都市の同じ民族的グループの間でグループを創始するよう弟子に仰せになりました。私たちが彼の例に従うとき、私たちは私たちが住んでいる都市の中で新しいグループを創始するでしょう。」

    - イエスの第3の欄において、新しいグループもしくは教会を必要とするあなたが住んでいる都市の場所の名前を書きなさい。これがどのようになるかについての短い説明を書きなさい。

2. ユダヤ

    「次に、イエスは近所の地域および異なった民族のグループにおいて新しい共同体を創始するよう弟子たちに仰せになりました。イェルサレムは都会である一方、ユダヤはイスラエルの田舎です。ユダヤに住んでいる人々は、弟子と同じ民族的グループです。イエスの命令に従い、私たちは新しいグループと教会を私たちが住んでいる地域の田舎の方で創始するでしょう。」

    - イエスの第3の欄において、新しいグループもしくは教会を必要とするあなたが住んでいる地域の場所の名前を書きなさい。これがどのようになるかについての短い説明を書きなさい。

3. サマリヤ

   第三に、イエスは弟子たちに、異なった都市の異なった民族グループにおいてグループを創始するよう仰せになりました。ユダヤ人の人々は、サマリヤに住んでいる人たちを軽蔑しています。彼らの偏見にも拘らず、イエスは弟子をお呼びになり、サマリア人の間で良き知らせを共有し、グループと教会を創始するよう仰せになりました。私たちは、異なった民族グループの間で私たちに近いグループや教会を創始するとき、私たちはイエスの命令に従います。

   - イエスの第3の欄において、新しいグループもしくは教会を必要とする異なった都市の異なった地域のグループの名前を書きなさい。これがどのようになるかについての短い説明を書きなさい。

4. 最大限の

   「最後に、イエスは弟子たちに世界中の地上の異なった民族グループに対してグループを創始することを命じられました。この命令に従うことは、典型的に新しい言語と新しい文化を習うことを必要とします。私たちは他の場所で新しいグループと教会を創始するために、私たちの教会から使節団を送るとき、この命令に従います。」

   - イエスの第3の欄において、新しいグループもしくは教会を必要とする異なった地域の異なった民族グループの名前を書きなさい。これがどのようになるかについての短い説明を書きなさい。

グループもしくは教会を創始する4つの方法は何ですか？

1. ペテロ

    > 使徒行伝　第10章9節
    > 翌日、この三人が旅をつづけて町の近くにきたころ、ペテロは祈りをするため屋上にのぼった。時は昼の12時ごろであった。（NLT）

    「ペテロはイェルサレムの教会において主任司祭となりました。コルネリウスは、彼に、イエスキリストの良き知らせを分かち合うためにヤッファに来るよう言いました。ペテロがコルネリウスの家の者と共に分ち合ったとき、全ての人はキリストを受け入れ、神の家族の元に帰り、そして新しいグループは始まりました。

    既存の教会の牧師が新しいグループもしくは教会を始める1つの方法は、短期間の布教の旅に出て、新しいグループもしくは教会を創始する手助けをすることです。このような教会設立の課題は通常、1-3週間かかります。

    - あなたのイエスの計画の4つめの欄に、新しいグループもしくは教会の設立を助けてくれるであろうあなたの知っている牧師の名前を書きなさい。これがどのようになるかについての短い説明を書きなさい。

2. パウロ

    使徒行伝　第13章2節
    一同は主に礼拝をささげ、断食していると、聖霊が「さあ、バルナバとサウロとを、わたしのために聖別して、彼らに授けておいた仕事に当らせなさい」と告げた。（NAS）

「パウロとバルバナスはアンティオキアの教会のリーダーたちでした。神は、礼拝の時間の間に彼らに話しかけ、彼らに未踏の地に行って福音を共有するよう言いました。それに従い、彼らはローマ帝国中でグループと教会を創始しました。」

グループもしくは教会を創始するための2つめの方法は、福音を共有するために他の都市や地域にリーダーたちを送り出すことです。使節団は新しい信者を集め、そして新しいグループもしくは教会を創始します。このような教会設立の課題は通常、1-3週間かかります。

- あなたのイエスの計画の4つめの欄に、新しいグループもしくは教会の設立を助けてくれるであろうあなたの知っている牧師の名前を書きなさい。これがどのようになるかについての短い説明を書きなさい。

3. プリシラとアキラ

    コリント人への手紙　第16章19節
    アジヤの諸教会から、あなたがたによろしく。アクラとプリスカとその家の教会から、主にあって心からよろしく。

「プリシラとアキラは、教会における商人でした。彼らは彼らが生活し、働いた場所ではどこでもグループもしくは教会を創始しました。彼らの商売が動いたならば、彼らは新しいグループもしくは教会を新しい場所で創始しました。」

キリスト教徒の商人にとって、新しいグループもしくは教会を創始する第3の方法は、彼らの顧客の間の教会となるグループを創始することです。もし、キリスト教徒の商人が、教会のない地域に移動したのならば、彼らはグループを創始します。このような教会設立の課題は通常、3年かかります。

- あなたのイエスの計画の4つめの欄に、新しいグループもしくは教会の設立を助けてくれるであろうあなたの知っている牧師の名前を書きなさい。これがどのようになるかについての短い説明を書きなさい。

4. 迫害された民

   使徒行伝　第8章1節
   サウロはステパノを殺すことに賛成していた。その日、エルサレムの教会に対して大迫害が起り、使徒以外の者はことごとく、ユダヤとサマリヤとの地方に散らされて行った。（NLT）

「使徒行伝において、グループと教会を創始した最後のグループの人々は、迫害された信者たちです。多くの信者達は、サウルが教会を暴力的に迫害したときに、イェルサレムから逃げました。彼らはユダヤとソマリア中でグループと教会を創始しました。使徒たちが、後に、その地域に設立された教会を訪れましたか

ら、私たちは、これが真実になることを知っています。」

新しいグループおよび教会を創始する最後の方法は、新しい町へ引っ越さなくてはならない迫害された信者と共に行く方法です。もし、グループもしくは教会が存在しないのならば、新しく到着した信者たちがそれを創始します。グループもしくは教会を創始することは、神学校を必要としません。ただ、イエスへの愛情と彼の命令に従いたいという心だけが必要なのです。

- あなたのイエスの計画の4つめの欄に、新しいグループもしくは教会の設立を助けてくれるであろうあなたの知っている牧師の名前を書きなさい。これがどのようになるかについての短い説明を書きなさい。

節を暗唱しなさい

使徒行伝　第1章8節
ただ、聖霊があなたがたにくだる時、あなたがたは力を受けて、エルサレム、ユダヤとサマリヤの全土、さらに地のはてまで、わたしの証人となるであろう。」

- 全員がたち、10回節を一緒に言って覚えましょう。最初の6回は、学習者は自身の聖書や生徒手帳を使います。最後の4回は、節を暗記して言います。学習者は、彼らが節を引用する度に、節の参照個所を言い、そして言い終えたときに座らなくてはいけません。
- この習慣に従うことで、トレーナーは、「練習」セクションにおけるレッスンを終えたのがどのチームかを知ることができます。

練習

- リーダーたちを4つのグループに分けなさい。このリーダーシップのレッスンにおいて、トレーニングのプロセスを使うように言いなさい。
- 段階的なトレーニングのプロセスを通じてリーダーの周りを歩き、以下のセクションについて論じるために、7-8分をそれぞれ与えなさい

前進

「あなたが、4つの異なった種類のグループの創始者と共に、4つの異なった場所において、グループもしくは教会を創始するにあたってなして来た前進について分かち合いなさい。」

問題

「あなたが、4つの異なった種類のグループの創始者と共に、4つの異なった場所において、グループもしくは教会を創始するにあたって直面してきた問題について分かち合いなさい。」

計画

「世界に到達するためのイエスの計画により効率的に従うため、次の30日の間、あなたのグループがなすようあなたが導く課題を2つ分かち合いなさい。」

- 後で相手のために祈ることができるよう、全員が、パートナーの計画を録音しましょう。

練習

「次の30日間、あなたをこのエリアのリーダーとしてあなたを向上させる1つのスキルを分かち合いなさい。」

- 後で相手のために祈ることができるよう、全員が、パートナーの計画を録音しましょう。
- 彼らが練習するスキルについてそれぞれの人々が分かち合った後に、グループのメンバーは、立って、10回暗記した節を唱えます。

祈り

- 「お互いの計画と次の30日間、リーダーとして向上するためにあなたが練習するスキルのために祈る時間をとりなさい。」

エンディング

教会を創立するためにはいくらかかりますか？

「新しい教会を創始するためには何が必要ですか？リストを作りましょう。」

- 生徒が質問に答えたとき、ホワイトボードの上のリストを書きましょう。議論とディベートを許しましょう。例えば、もし誰かが「建物：と言ったならば、他の生徒に、建物が教会を創設するのに必要かどうか尋ねましょう。

> 「私たちは今、教会を創始するために必要なアイテムのリストを持っていますから、それぞれのアイテムに値段を付けましょう。」

- それぞれのアイテムの値段を見積もってリストを上から下へと見ていきましょう。学習者に、それぞれのラインにおいての価格について議論させ、同意に至らせるようにしましょう。典型的には、グループは、新しい教会を設立するには何もいらないと判断するか、多くとも、聖書を買うのに十分なお金があれば十分であると判断するでしょう。

  このエクササイズの目的は、人々が新しい教会を創始しようと計画しているときによくある間違いです。彼らは、教会を創始するために多額の資金が必要であると推測します。しかしながら、多くの教会は、家庭で始まり、それほどお金を必要としません。今日の巨大な教会でさえ、家庭で始まりました。、巨大な資金ではなく、信念、望み、そして愛だけが教会を創始するのに必要なのです。

私のイエスの計画

- リーダーたちに、「イエスの計画」のページに戻るよう言いなさい。

  > 「私たちは、次のセッションで、お互いに私たちのイエスの計画を表明します。あなたのイエスの計画を完了するために数分をとり、そしてあなたがどのようにそれをグループで表現するかを考えなさい。あなたが終わったとき、次のセッションにおける神の恵みのために祈る時間を取りなさい。」

その他のよくある質問

トレーニングのセッションにおいて、どのようにして文字の読めない人々と一緒に働きますか？

『イエスの教えの布教トレーニング』は、文字がよめない人々と文字が読める人々が、彼らの習ったことを覚えるためにいくつかの教材を使用します。私たちの経験では、両方のグループは、トレーニングから、楽しみ、恩恵を受けます。私たちは、文字の読めない人々に教えるとき、身振りを強調します。あるアジアの国々では、女性は3年生レベル以上の教育を受けていません。そのような女性のグループをトレーニングした後で、彼らは私たちの元に涙をためてやってきます。彼女たちは、「ありがとうございます。手振りが私たちが習う助けとなって、私たちは今やイエスに従うことができます」と言いました。

　文字が読めない人が多い状況でさえ、通常1人の人はグループのために読むことができます。典型的には、私たちはこの人にグループ全体のために節を声に出して読むよう言います。時に、私たちはリーダーに、グループ全体が理解できるよう節を2、3回読むよう言います。私たちは事前に、グループが文盲であることを知っているならば、それぞれのセッションでビデオまたは音源を制作するためにアレンジします。

　テレビとラジオは、僻地の村ですら、文字が読めない人々に影響します。文字が読めない学習者に対し、レッスンを繰り返し教えなくてはいけないというように考える過ちを犯してはなりません。もし、学習者たちが最初にレッスンを理解していないのならば、彼らに補講を行って、それから録音もしくはビデオを残しあなたがいないときに復習するようなさい。多くの場所においては、最低でも公共DVDもしくはVCDプレイヤーが手に入ります。MP3プレイヤーは用意に手に入り、バッテリー駆動です。

　神はあなたがビデオや音源で録音を残して去った後も多くの学習者に祝福を与え続けます。もし、あなたがビデオや音源録音を制作したのならば、コピーをlanfam@FollowJesusTraining.comに送って下さい。

10

イエスへの追従

　リーダーたちは、『一途なリーダーの育成』において、誰が教会を創立し、なぜそれが重要でるかを学んできました。彼らはイエスが世界に達するための方法の5つの部分をマスターし、お互いに監督する練習をするからです。彼らは、偉大なリーダーの7つの資質を理解し、未来のために「トレーニングの木」を発展させ、それから他の人格とどのようにして共に働くかを知ります。それぞれのリーダーは、ルカによる福音書第10章におけるイエスの計画に基づいた計画を有します。『イエスへの追従』は、リーダーシップの一部を表します。それは、モチベーションです。

　2000年前、人々はあらゆる理由でイエスに従いました。ある人、例えばやヨハネヤコブは、彼らにイエスが名声をもやたらしてくれると信じていました。パリサイ人のように、他者は、批判し、彼らの優越性を示すために彼に従いました。また、ユダは、金のためにイエスに従いました。5000人の群衆は、彼らが必要とする食べ物を供給したがためにイエスに

従いました。他のグループは、癒しを必要としていたためにイエスに従い、そして1人の人だけがありがとうを言いに戻りました。悲しいことに、多くの人々は身勝手にも、イエスが彼らに与えることができるもののためにイエスに従いました。今日でもそれは変わりません。リーダーとして、私たちは自分自身を検査し、「どうして私はイエスに従っているのですか？」と自問するべきです。

イエスは、彼に心から従った人々を褒めました。軽蔑された女性による大量の香水の贈り物は、人々が福音を説く場所すべてにおいて記憶の誓いをもたらしました。未亡人のわずかばかりの寄付は、すべての金のテラよりも多くイエスの心に触れました。イエスは有望な若い男性が心から神を愛することを拒み、自信がお金持ちであることを選んだことに失望しました。また、イエスは裏切りのあと、彼を戻すためだけにペテロに1つの質問をしました。「シモン、私をあなたは愛していますか？」と。精神的なリーダーは人々を愛し、神を愛します。

このセッションはそれぞれのリーダーが自身の「イエスの計画」を分かち合うところで終わります。リーダーたちはお互いのために祈り、共に働き、そして神の愛と栄光のため、新しいリーダーたちを監督します。

崇拝

- 共に、2つの礼拝の歌を歌いなさい。リーダーに、このセッションのために祈るよう言いなさい。

復習

歓迎
　　誰が教会を設立しましたか？
　　どうしてそれは重要なのですか？
　　イエスはどのようにして彼の教会を建てましたか？
　　　　主によって強くなる 🖐

福音の共有 ✋
信奉者の育成 ✋
グループと教会の創始 ✋
リーダーの育成 ✋

> コリント人への第一の手紙　第11章1節　わたしがキリストにならう者であるように、あなたがたもわたしにならう者になりなさい。(NAS)

イエスのようにトレーニングしなさい
　イエスはどのようにしてリーダーをトレーニングしましたか？
　　前進 ✋
　　問題 ✋
　　計画 ✋
　　練習 ✋
　　祈り ✋

> ルカによる福音書　第6章40節　弟子はその師以上のものではないが、修行をつめば、みなその師のようになろう。(HCSB)

イエスのように導きなさい
　イエスは、誰が最も偉大なリーダーであると言いましたか？ ✋
　偉大なリーダーの7つの資質とは何ですか？
　　1. 偉大なリーダーは人々を愛します ✋
　　2. 偉大なリーダーは彼らのミッションを知っています ✋
　　3. 偉大なリーダーはその弟子に仕えます ✋
　　4. 偉大なリーダーたちは、優しさによって正します ✋
　　5. 偉大なリーダーたちは、グループ内における現在の問題を知っています ✋

6. 偉大なリーダーたちは従うべき良い例を見せます ✋
7. 偉大なリーダーたちは彼が祝福されていることを知っています ✋

> ヨハネによる福音書　第13章14-15節　しかし、主であり、また教師であるわたしが、あなたがたの足を洗ったからには、あなたがたもまた、互いに足を洗い合うべきである。わたしがあなたがたにしたとおりに、あなたがたもするように、わたしは手本を示したのだ。

強く生きよ
  どの人格タイプが最も良いリーダーを形成しますか？
    兵士 ✋
    探求者 ✋
    羊飼い ✋
    種をまく人 ✋
    息子／娘 ✋
    聖なる神 ✋
    召使い ✋
    財産管理人 ✋
  神はどの人格のタイプを最も愛されていますか？
  どの人格タイプが最も良いリーダーを形成しますか？

> ローマ人への手紙　第12章4-5節　なぜなら、一つのからだにたくさんの肢体があるが、それらの肢体がみな同じ働きをしていないように、わたしたちも数は多いがキリストにあって一つのからだであり、また各自は互いに肢体だからである。

共に強くあれ
　なぜ世界には8種類の人々がいるのですか？
　イエスはどのようですか？
　　兵士 ✋
　　探求者 ✋
　　羊飼い ✋
　　種をまく人 ✋
　　息子／娘 ✋
　　聖なる神 ✋
　　召使い ✋
　　財産管理人 ✋
　諍いが起きたときに私たちが有する3つの選択肢とはなんですか？
　　逃げ去る（人間的反応）✋
　　お互いに争う（人間的反応）✋
　　神の聖霊によって道を見出し共に取り組む（聖霊の反応）✋

　　　ガラテア人への手紙　第2章20節　生きているのは、もはや、わたしではない。キリストが、わたしたちのうちに生きておられるのである。(NAS)

福音の共有
　私はどのようにしてシンプルな福音を共有できますか？
　　金色のビーズ
　　青色のビーズ
　　緑色のビーズ
　　黒色のビーズ
　　白色のビーズ
　　赤色のビーズ
　どうして私たちはイエスの助けを必要とするのですか？

誰も、神に戻ることができるほど賢くありません。✋
誰も、神に戻ることができるほど与えることができません。✋
誰も神のもとに戻ることができるほど強くはありません。✋
誰も、神に戻ることができるほど与えていません。✋

ヨハネによる福音書 第14章6節 イエスは彼らに言われた、「わたしは道であり、真理であり、命である。だれでもわたしによらないでは、父のみもとに行くことはできない。」

信奉者の育成
イエスの計画における最初のステップは何ですか?
あなたの心の準備をしなさい(1-4) ✋
ペアになりなさい ✋
イエスが働かれている場所に行きなさい ✋
収穫からリーダーのために祈りなさい ✋
謙虚に行きなさい ✋
金ではなく、神に頼りなさい。 ✋
イエスが呼んでいる場所に直接行きなさい ✋

ルカによる福音書 第10章2節 そのとき、彼らに言われた、「収穫は多いが、働き人が少ない。だから、収穫の主に願って、その収穫のために働き人を送り出すようにしてもらいなさい。」

グループの創始
   イエスの計画の中の2つめのステップは何ですか？
     友情を育みなさい ✋
       平安の民を探しなさい
       彼らがあなたに与えたものを食べ、飲みなさい
       家から家へと移動してはなりません
   イエスの計画の第3ステップは何ですか？
     良き知らせを共有しなさい ✋
       病人を癒しなさい
       福音の共有
   イエスの計画の第4ステップは何ですか？
     結果を評価し、適応させなさい ✋
       返答を評価しなさい
       もし彼らが応えないのならば去りなさい

   ルカによる福音書　第10章9節　そして、その町にいる病人をいやしてやり、『神の国はあなたがたに近づいた』と言いなさい。

教会の設立
   イエスが信者たちにグループを創始するよう言った4つの場所はどこですか？
     イェルサレム
     ユダヤ
     ソマリア
     最大限の
   グループもしくは教会を創始する4つの方法は何ですか？
     ペテロ
     パウロ
     プリシラとアキラ
     迫害された民
   新しい教会を創始するためにはいくら必要ですか？

使徒行伝　第1章8節　「ただ、聖霊があなたがたにくだる時、あなたがたは力を受けて、エルサレム、ユダヤとサマリヤの全土、さらに地のはてまで、わたしの証人となるであろう。」

計画

あなたはどうしてイエスに従いますか？

イエスは2000年前にこの世に歩まれたとき、人々は様々な理由で彼に従いました。

ヤコブとヨハネのような人々は、イエスが彼らに名声をもたらすと信じたため、従いました。

> マルコによる福音書　第10章35-37節
> さて、ゼベタイの子のヤコブとヨハネとがイエスのもとにきて言った、「先生、わたしたちがお頼みすることは、なんでもかなえてくださるようにお願いします」。イエスは彼らに、「何をしてほしいと、願うのか」と言われた。すると彼らは言った、「栄光をお受けになるとき、ひとりをあなたの右に、ひとりを左にすわるようにしてください。」(NAS)

パリサイ人のような人々は、彼らがいかに優れているかイエスに示すため、従いました。

> ルカによる福音書　第11章53-54節
> イエスがそこを出て行かれると、律法学者やパリサイ人は、激しく詰め寄り、いろいろな事を問い

かけて、イエスの口から何か言いがかりを得ようと、ねらいはじめた。(NLT)

ユダのような人々は、お金のため、イエスに従いました。

> ヨハネによる福音書　第12章4-6節
> 弟子のひとりで、イエスを裏切ろうとしていたイスカリオテのユダが言った、「なぜこの香油を三百デナリに売って、貧しい人たちに、施さなかったのか。」彼がこう言ったのは、貧しい人たちに対する思いやりがあったからではなく、自分が盗人であり、財布を預かっていて、その中身をごまかしていたからであった。

5000人の群衆のような人々は、食べ物のため、イエスに従いました。

> ヨハネによる福音書　第6章11-15節
> そこで、イエスはパンを取り、感謝してから、すわっている人々に分け与え、また、さかなをも同様にして、彼らの望むだけを分け与えられた。人々がじゅうぶんに食べたのち、イエスは弟子たちに言われた、「少しでもむだにならないように、パンくずのあまりを集めなさい」。そこで彼らが集めると、五つの大麦のパンを食べて残ったパンくずは、十二のかごにいっぱいになった。人々はイエスのなさったこのしるしを見て、「ほんとうに、この人こそ世にきたるべき預言者である」と言った。イエスは人々がきて、自分をとらえて王にしようとしていると知って、ただひとり、また山に退かれた。

10人のらい病人のような人々は、イエスによる癒しのため、従いました。

> ルカによる福音書　第17章12-14節
> そして、ある村へはいられると、十人のらい病人に出会われたが、彼らは遠くの方で立ちとどまり、声を張りあげて、「イエスさま、わたしたちをあわれんでください」と言った。イエスは彼らをごらんになって、「祭司たちのところへ行って、からだを見せなさい」と言われた。そして、行く途中で彼らはきよめられた。

「このように、多くの人々は、身勝手な心によってイエスに従います。彼らは、イエスが彼らに与えたもののために、彼についてあまり関心を払うことをしません。今日でもそれは変わりません。

リーダーとして、私たちは自分自身をテストし、「どうして私はイエスに従っているのでしょう？」と自問しなくてはなりません。

あなたは、あなたが有名になれるからイエスに従っているのですか？

あなたは、あなたがどれほど賢いかを人に示せるからイエスに従っているのですか？

あなたは、お金のためにイエスに従っているのですか？

あなたは、あなたに食べ物をもたらすからイエスに従っているのですか？

あなたは、あなたを癒してくれるという願いからイエスに従っているのですか？

人々はあらゆる方法でイエスに従います。神は、1つのモチベーションのみを祝福なさいます。神は、人々に、心から神に従って欲しいのです。

あなたはイエスに高い香水を注いだ罪深い女性のことを覚えていますか？

> マタイによる福音書　第26章13節
> 「よく聞きなさい。全世界のどこででも、この福音が宣べ伝えられる所では、この女のした事も記念として語られるであろう。」(NAS)

あなたは哀れな未亡人のことを覚えていますか？彼女のオファーは、イエスの心を、寺のすべての金持ちよりも激しくふるわせたのです。

> ルカによる福音書　第21章3節
> 言われた、「よく聞きなさい。あの貧しいやもめは、だれよりもたくさん入れたのだ。」(NLT)

あなたはイエスがペテロに尋ねた唯一の質問のことを覚えていますか？

> ヨハネによる福音書　第21章17節
> イエスは三度目に言われた、「ヨハネの子シモンよ、わたしを愛するか。」ペテロは「わたしを愛するか」と三度も言われたので、心をいためてイエスに言った、「主よ、あなたはすべをご存じです。わたしがあなたを愛していることは、おわかりになっています。」イエスは彼に言われた、「わたしの羊を養いなさい。」

イエスは彼の心における愛について、ペテロに問いかけました。それは、イエスにとって重要な問題なので

す。あなたは彼を愛しているがために彼に従うのでしょうか？

私たちは、まず、彼が私たちを愛して下さっているがために心の底からイエスに従います。私たちはイエスを愛しているので、主によって強く生きます。私たちはイエスを愛しているので、福音を共有します。私たちはイエスを愛しているので、信奉者を育成します。私たちはイエスを愛しているので、教会になるグループを創始します。私たちはイエスを愛しているので、精神的なリーダーをトレーニングします。信念、望み、そして愛だけがこの土地にとどまり、そして去ります。これらのもので最も大きいのは、でも、愛です。

イエスの計画のプレゼンテーション

- リーダーたちを最低8人の人々がそれぞれいるグループに分けなさい。リーダーたちに、以下のプレゼンテーション・プログラムを説明しなさい。
- 円になったリーダーたちは順番に彼らの「イエスの計画」をグループに示します。このプレゼンテーションの後で、他のリーダーたちは「イエスの計画」の上に手を当てて、神の力と恵みのために祈ります。リーダーたちは彼らの計画を示したリーダーのために、同時に声を出して祈ります。
- リーダーの中の1人が、聖霊のお導きがあったときに、祈りを終えます。このとき、「イエスの計画」をプレゼンテーションした人はそれを彼らの心に保ち、そしてグループは「あなたの十字架を背負い、イエスに従いなさい」と3回声を揃えて言います。
- 上記にアウトライン化されたステップを、すべてのリーダーが自身の「イエスの計画」を示すまで繰り返しなさい。

- 全ての人が彼らの計画を示した後、リーダーたちは終わっていないグループに加わります。最後に、全てのグループは1つの巨大なグループができるまで、他者と交わります。
- トレーニングの時間を、グループの学習者にとって意味のある献辞の賛美歌を歌って終えなさい。

パート3

リソース

さらなる学習

私たちは、以下の著者たちが一途なリーダーたちをトレーニングするに当たって最も助けとなると考えています。伝導の仕事において、最も最初に翻訳すべき本は聖書です。それから、私たちは以下の7冊の本を、効果的なリーダーシップの発展のための確固たる基盤のために翻訳することをお薦めいたします。

Blanchard, Ken and Hodges, Phil. *Lead like Jesus: Lessons from the Greatest Role Model of all Time.* Thomas Nelson, 2006.

Clinton, J. Robert. *The Making of a Leader.* NavPress Publishing Group, 1988.

Coleman, Robert E. *The Masterplan of Evangelism.* Fleming H. Revell, 1970.

Hettinga, Jan D. *Follow Me: Experiencing the Loving Leadership of Jesus.* Navpress, 1996.

Maxwell, John C. *Developing the Leader Within You.* Thomas Nelson Publishers, 1993.

Ogne, Steven L. and Nebel, Thomas P. *Empowering Leaders through Coaching.* Churchsmart Resources, 1995.

Sanders, J. Oswald. *Spiritual Leadership: Principles of Excellence for Every Believer.* Moody Publishers, 2007.

付録A

よくある質問

もし、私たちが1時間半内にレッスンを終えることができなかった場合、どうしたらよいでしょうか？

プロセスとコンテンツ、いずれもが同様に重要です。プロセスに従うことは、自信を生み出します。クオリティの高いコンテンツは、教育をもたらします。プロセスとクオリティの高いコンテンツは、移転をもたらします。私たちが他者をトレーニングするに当たって最もよく気付く過ちは、十分な練習する時間ではなく、コンテンツを与えすぎることです。

「イエスの教えの布教トレーニング」のレッスンの多くはレッスンの間に自然な休憩地点があります。もし、あなたがそのレッスンを終えるのに十分な時間がないのならば、トレーニングのプロセス全体に従ってレッスンの最初の半分を教え、そしてあなたが次に会ったときに残りのレッスンをしなさい。あなたがトレーニングしている人々の教育レベルに応じて、あなたはこのスケジュールを選択することを決めていいでしょう。

私たちのゴールは、イエスのリーダーシップの在り方を彼らの人生の全てにおいて取り入れてもらうことです。これには時間と忍耐が強いられますが、投資する価値があります。

リーダーシップのムーブメントはどのようですか？

神は、国々において重大なやり方で動いています。現在、研究者たちは80以上の人々のムーブメントを報告しています。福音を共有することがこのムーブメントに「エンジン」をかけるのならば、その「歯車」はリーダーシップの発展です。実際、それらがリーダーシップであるか、ディシプリンシップであるか、協会設立運動であるかを言うことは難しいことです。名前が何にしろ、それらは、全ての時代において最も偉大なリーダーであるキリストのようになる男性、女性、若者、そして子供たちの影響力、という側面において、1つのクオリティを共有しています。

リーダーシップの鎖はリーダーシップの動きを特徴付けています。男性や女性の小さなグループは説明責任、コーチング、そして学習を施します。パウロは、テモテ人へ第2の手紙第2章2節において、このような鎖について語ります。リーダーたちは1つのグループにおいてコーチングを受け、他のグループにおいてもコーチングを施します。リーダーシップの鎖は、完全に発達したムーブメントにおいて第6、第7世代へと広がり続けます。いかなる組織、施設、人々のグループも、彼らのリーダーたちが彼らを導く限り、進み続けることができます。したがって、リーダーシップはリーダーたちが生まれていないために、意図的に育まれます。リーダーたちは、どのようにして導くかを知る必要があります。

リーダーシップのムーブメントにおいて、ティーンエイジャーたちはリーダーシップの道具について学びます。それは、ヴィジョン、目的、伝導、そしてゴールです。20代の男性と女性はこれらのツールを彼らのビジネスと個人的生活において適用します。30代は特定の伝導もしくは商売のツールに焦点を当てます。彼らが40代になるとき、彼もしくは彼女は、忍耐力によってリーダーシップのツールを適用することで成果を見ます。イエスのリーダーシップのスタイルに長年従い続けて来た50代においては、若い世代のための規範となります。ふつう、60代の人々はリーダーとして多くの若い男性や女性を監督することができます。老齢でアルにもかかわ

らず、70代の史恵陣は、信念と成果の影響を後世に残すことができるでしょう。

どのようにして外国使節の役割は変わってきましたか？

全ての伝導の努力は、4つに分けられます：発見、発達、展開、派遣です。それぞれの段階は固有のゴールと調整があります。それぞれの段階において、伝導における異なった技術が必要とされます。

　発見の段階は、未踏の人々を特定し、先駆者となる使節団を覇権し、そいて未踏の地への足がかりを得ることです。伝導の役割は、興味をしめした人々を求め、福音を説き、そしてつながることです。この時期の成果は、わずかの教会です。しかしながら、教会は、しばしば、受け取る側の国よりもむしろ、教会は送られた人々の国のものに似ます。発見の段階において、使節団は仕事の80%を行うのに対し、国は20%の貢献をします。

　わずかな数の教会は、他の教会を育て、開始し続け、それは教会の酸化に繋がります。この段階における伝導は、教会同士がつながり、福音を共有し、そして人々の間で意図的な努力をし始めるのを助けます。小さなキリスト教分かはそのホストとなる国において根を貼り始めます。発達の段階において、使節団は仕事の60%を行うのに対し、国は40%の貢献をします。

　いくつかの教会の集まりが集会やネットワークを形成するとき、伝導は、展開の段階に移ります。この時期は、典型的には勢いのあり続ける100のグループもしくは教会によって開始されます。伝導の役割は、持続したリーダーシップの発達を確実なものとし、国の紛争解決問題地域を助け、人々のグループ全体に達する戦略を埋め込むときに国民を援助することです。展開の段階において、使節団は仕事の40%を行うのに対し、国は60%の貢献をします。

伝導の最後の段階は、派遣です。この段階において、使節団は国の信者のために仕事を委託します。使節団は、監督、祝福、そして協力したときに仕事に戻ります。派遣の段階において、使節団は仕事の10%を行うのに対し、国は90%の貢献をします。再び、発見の段階が始まりますが、今度はその国の信者の仕事と生活においてなされます。

外国使節団は、彼らが今、世界の多くの場所において、派遣の段階にあることに気付くべきです。今日における派遣の主な役割は、監督、訓練、そして国の兄弟姉妹が神が彼らに与えた伝導の遂行を助けることです。イエスの教えの布教トレーニングのゴールの1つは、派遣の段階において、使節団に、シンプルで、複製可能なツールを供給することです。

「5のルール」とは何ですか？

単に、人々は、彼ら自身によって演じる自信がつく前に5回練習する必要があります。トレーニングの後、過去9年において、5000人近くの人によってこの原理は繰り返し証明されてきました。

セミナートレーニングは知識と能力のある大人にあふれていますが、セミナーの後ではほとんど小さな変化しか訪れません。この問題に対する典型的なレスポンスは、内容をより面白くし、記憶しやすくすることです。ふつう、問題は内容なのではなく、人々がそれが人生の一部になるほど練習をしないということにあります。

どうしてこんなにたくさんの手振りを使うのですか？

人々は彼らが見たもの、聞いたもの、したことによって学びます。西洋的な教育方法は、第1、第2番目の種類の学習方法を強調します（特に授業の形式において）。多くの研究は、

学習者が話すことと聞くことのみから得ることの少なさについて報告そいます。3番目の学習スタイルである筋覚は、他者をトレーニングするにあたって最も無視されているアプローチです。私たちは、身振りが、多くの情報を覚えるためにグループに教えるための最も簡単な方法であることを見出しました。アクションや身振りがあれば、文字の読める人々も文字の読めない人々も同様に、ストーリーを再び語ることができるのです。

あなたは私たちが『イエスの教えの布教トレーニング』によって他者をトレーニングし始めたとき、手振りを使わなかったことを覚えているでしょう。私たちは、しかしながら、私たちがトレーニングの目標のうちの1つを変えたとき、アプローチを変えました。私たちは、学習者に、最後にセミナー全体を繰り返すことができるようになってほしかったのです。暗記は、アジアの多くの学習現場において鍵となる要素です。私たちが手振りを使うので、最後のセッションにおいて、人々は記憶からセミナー全体を繰り返すことができます。彼らは私たちがそうする前には、そのようになすことはできませんでした。短いいくつかのセッションの後で、学習者たちは活動的な学習を楽しみ、そしてセミナーの最後に全てを覚えることができることに驚きます。

私たちが身振りを使う前、私たちはリーダーをトレーニングするリーダーの数の増加に驚いていました。精神的なトレーニングは心以上のものをもたらします。もし、心が変わらないままであるのならば、変化は訪れません。手振りを使うことは、私たちが頭で習ったことを心に動かします。それは、私たちがどうして子供達に人生の重要なことを覚えさせるときに手振りを使うかの理由です。身振りを使えば、大人、青年、そして子供という多世代の状況において習うことができます。個人的には、私は私の祈りの時間に祈りのどの部分−賞賛、後悔、問い、収穫のどの部分に集中しているのかを覚えておくため、いつも手振りを使います。

Why are the lessons so simple?

The main reason the lessons are simple is that we follow Jesus's example of teaching in a simple way. He made the complex simple. We make the simple complex. Jesus's concern is life change, not mastering the "newest truth." When we teach in a simple way, children, youth, and adults can learn the lessons in community. You do not need a thousand dollar tracking machine with all the bells and whistles to tell you where "north" is. An inexpensive compass will do.

The book of Proverbs says to seek wisdom above all. Wisdom is the ability to apply knowledge to life skillfully and righteously. We have noticed the more complex a plan is, the more likely it is to fail. Pastors and missionaries throughout the world have strategic mission plans that took weeks or months to develop. Most of those plans sit on a shelf somewhere. Some people argue that the book of Proverbs says to avoid being simple. Proverbs, however, says to avoid being a "simpleton." The wise person does a task in a way others can copy; a simpleton does otherwise.

The good news is that following Jesus does not depend on a person's intellect, talents, schooling, accomplishments, or personality. Following Jesus depends on a person's willingness to obey Jesus' commands immediately, all the time, and from a heart of love. Complex teaching typically creates learners who are not able to apply the lesson to their daily lives. Jesus commands believers to make disciples, teaching them to obey all of His commands. We believe teachers hinder people's obedience when they teach complex lessons which the learner cannot teach to another person.

What are some common mistakes people make when they train others?

Trainers make training mistakes in three areas: people, process, and content. Having trained and been trained by many people, we offer these observations to help you strengthen your skills.

Every learner comes to a training session with previous experiences, knowledge, and skills. Trainers who do not consider this at the beginning of the session run the risk of training learners to do something they already know how to do. A simple question like "What do you already know about this subject?" helps the trainers know the proper level to train. We have seen trainers, however, who assume the learners know more than they know. Untested assumptions always come back to bite you. Communication solves this problem. People have different learning styles and it is a mistake to base your training on just one or two styles. Doing so guarantees some learners will not benefit like they could with better lesson planning. People also have different needs according to their personality. Training in a way that only appeals to extroverts excludes introverts. Concentrating on people focused on "thinking" are not as effective as lessons that address "feeling" as well.

The training process is another area teachers make mistakes. Training that includes no opportunity for discussion and relies solely on speaking is not training but presenting. Training is a journey that involves the whole person in the mastery of a skill, character quality, or knowledge. We have noticed trainers focus so much on content that they do not give learners the opportunity to talk through what they have learned. The richest learning times for adults are when they discuss the lesson and its application to their lives. Another common mistake is using the same learning techniques throughout the training time. Any training technique loses effectiveness if used too often. The last mistake is lengthy training sessions. As a rule, we try to teach the lesson one-third of the time. Then, we ask the learners to practice the lesson for one-third of the time. Finally, we lead a discussion about applying the lesson the last one-third of the time. In a ninety minute session, learners usually listen to us speak about twenty minutes.

Typically, the reason training sessions go too long is the trainer is sharing too much content - the final area where trainers make mistakes. Good training content will address knowledge, character, skill, and motivation. If the trainer is from a western background, most likely they will focus on the knowledge part, assuming "knowing" produces the rest. They may speak to character and motivation, but rarely deal with practicing skills. Most often, trainers train others using the same method modeled to them. Breaking with the past may be necessary, however, for real change to take place in the learner's lives. Excellent training does not strive to present information alone. The goal is transformation. We have noticed trainers who do not adapt their materials to a new setting or culture; they expect rural rice farmers to handle the content as young urban professionals. A lack of prayer is the most common reason for this mistake.

The biggest mistake trainers make, in our experience, is not giving the time learners need to practice what they have learned. Trainers face the temptation to view training as a onetime event and not a continuing journey. A sure sign of an "event outlook" is the attitude, "We have them here. Let's pour as much learning into them as we can." Focusing instead on giving learners a biblical process to train others with takes a paradigm shift. Trainers become more concerned about the person the learner will train, rather than the learner alone. If you find yourself with more content and no practice time, you may be guilty of giving people more than they can reasonably obey or share with others. You set them up for failure, rather than success.

What do you suggest if there are no leaders to train?

Growing leaders attract growing leaders. When you commit to follow Jesus and His leadership style, God will bless and send others to walk with you. We must take the first step of faith, however. Jesus lives in every believer and desires His kingdom to come and His will to be done. Lordship and leadership work together. Remember, we have not because we ask not. Pray for eyes to see the leaders God is developing. Pray for a heart of acceptance and encouragement. Pray for Jesus' perspective on leadership. Fishermen make good apostles.

Concentrate on people God has already given you, not on the people you do not have. Begin to develop people who are following you into stronger leaders. Every person leads someone. Fathers lead their families. Mothers lead their children. Teachers lead their students. Businesspeople lead their communities. The leadership principles taught in Follow Jesus Training can be applied in any of these settings. People rise to meet our expectations. Treat each person as if that person is already a leader and watch what God does in his or her life.

Consider hosting a leadership-training event. Publicize the meeting through existing leadership groups - the Lion's Club, Chamber of Commerce, village council, or quarter director. Use these training materials to equip business leaders with leadership principles from the greatest leader of all time. Organizing an event will not only give you credibility in the community, but also develop you as a leader. If your people group has no followers of Jesus, train leaders in a "cousin" people group, casting a vision for reaching the unreached.

What are the first steps for leaders as they begin to train new leaders?

Jesus spent an entire evening in prayer before selecting leaders, so prayer is the best place to start. Pray for leaders to rise from the harvest to lead the harvest. As you pray, remember God looks at the heart and man looks at the outward appearance. Look for faithfulness and character in potential leaders. Too often, we concentrate on talent and first impressions. Spend time in prayer asking God to raise up passionate, spiritual leaders.

After you have prayed, begin consistently sharing a vision of leaders following Jesus' example as a leader. Pray with family and friends, asking God to help you become better leaders together. Ask people that God brings across your path if they would like to learn how to become stronger leaders. Constantly cast the vision of friends helping each other develop into leaders who are more fruitful. As you cast the vision for developing leaders, notice people who are interested and energized by what you say.

The next step is to ask God to show you the leaders He is raising up. Do not try to pick them yourself. Let them "self-select" by their willingness to do the tasks required of leaders. We do not "appoint" leaders, but "anoint" leaders that are already showing themselves faithful. Too often, the very people we would have picked "last" on our list of potential leaders God picked as "first." Look for people dissatisfied with the status quo. Concentrate on people willing to learn and follow. Do not be disappointed if leadership at the top tier of an organization shows little interest.

Finally, start to take steps in fulfilling your own Jesus Plan. Nothing attracts present and potential leaders like action. People like to be a part of a winning team. As God blesses your Jesus Plan, He will also send people to help you. Most often God will send family members, friends, and successful businesspeople. Leaders have followers. When you follow Jesus, it will give others a clear direction they can also follow. Someone has to start the journey among your people group. Let it be you!

『一途なリーダーの育成』においてトレーナーが直面する異なった状況とは何ですか？

もしあなたが1日しかないのならば、私yたちは「イエスはどのようにしてリーダーたちをトレーニングしたか」「偉大なリーダーの7つの資質」そして「キリストの8つの役割」のレッスンを教えるよう勧めます。このことは、リーダーたちに、他者を教える技術、人間性、そして情熱をもたらします。もし、彼らがあなたに戻るよう言ったのならば、彼らのリーダーシップの知識を埋めるために残りのレッスンを教え、そして彼らに従うべき戦略的なプランを与えなさい。このアプローチは、人々が忙しくてトレーニングセッションに参加する時間が少ししかないときにおいて最も有効でしょう。

もし、あなたが週1回か隔週おきにしか都合がよくないのならば、私たちは、レッスン毎にセミナーを教えることをおすすめします。お互いとリーダーに立脚したスキルは、10もしくは20週の終わりに、確固たる土台となるでしょう。リーダーたちに、あなたが彼らに与えたレッスンによって新し

いリーダーたちを訓練するよう促しなさい。このアプローチは、人々が忙しいが週1日特定の時間を費やすことができる場合において最も有効でしょう。リーダーたちに、病気や予期出来ない事態によって他の人が参加できなかったレッスンを補講するよう言いなさい。

　もし、3日間あるのであれば、私たちはこのマニュアルにおける順番に従うことをおすすめします。多くの議論を赦し、リーダーとの1対1のミーティングを休憩時間にしなさい。それぞれのセッションの終わりに、リーダーたちに以下の質問に答えるよう言いなさい：「このレッスンについて、神はあなたに何と言っていますか？」グループ内でその答えを処理するよう言いなさい。大人は、問題を議論するときに最も多くを学びます。あなたのグループの必要性についての洞察も深くなるでしょう。このアプローチは、フルタイムの伝導をなすセミナーもしくは聖書学校の場、もしくは農耕作業に応じて人々が働く村落地帯において最も有効でしょう。

付録B

チェックリスト

トレーニングの1ヶ月前

- 祈りのチームをリスト化しなさい—トレーニングの前と後に、12の人々からなる祈りのグループをリスト化しなさい。これはとても重要です！
- 見習いをリスト化しなさい—『一途なリーダーの育成』にこれまで参加した人のなかから、あなたとチームティーチングをする見習いをリスト化しなさい。
- 参加者を招きなさい—文化的に気を使ったやり方で、参加者を招きなさい。これは、手紙や、招待状を送ったり、、電話をしたりすることを含みます。『一途なリーダーの育成』トレーニングのために最適な大きさは16人から24人の学習者からなります。もし、あなたに助けてくれる何人かの見習いがいるのなら、あなたは50人もの人をトレーニングできるでしょう。一途なリーダーの育成トレーニングは、3以上のグループのリーダーによって、ウィークリーベースで効果的になすことができるでしょう。
- ロジスティックを確立しなさい—必要に応じて、学習者の止まる場所、食事、交通費を工面しなさい。
- ミーティングの場所を確保しなさい—部屋の後ろの方に置いておく2つのテーブル、学習者のために丸く配置されたイス、そしてトレーニングの間の学習活動のた

めの多くの部屋をアレンジしなさい。もし、より多くを確保することが可能ならば、イスの代わりにマットをしきなさい。毎日、コーヒー、お茶、軽食付きの2回の休憩を挟みなさい。

- トレーニングの材料を集めなさい―聖書、ホワイトボード、紙、マーカー、生徒手帳、リーダーの手帳、それぞれの学習者が使徒行伝第29章の地図を仕上げるための白いポスター紙、色マーカーまたはクレヨン、ノート（学生が学校で使うようなもの）、ペンか鉛筆、チンロンのボール、そして賞品を集めなさい。
- 礼拝の時間をアレンジしなさい―それぞれの参加者のために、歌のシートかコーラス本を用いなさい。グループの中で、ギターをひく人を探し、そして彼／彼女にあなたを助けるよう言いなさい。

トレーニングの後は…

- あなたの弟子と一緒に、トレーニングの全ての側面を評価しなさい―あなたの弟子と一緒に、トレーニングの全ての側面を評価する時間をとりなさい。ポジティブな点とネガティブな点のリストを作りなさい。あなたが次教えるときによりよくなるようなプランをたてなさい。
- 未来のトレーニングの助けとなる、潜在的な見習いと連絡をとりなさい―未来の一途な信奉者の育成トレーニングであなたを助けてくれそうな、リーダーシップのポテンシャルを秘めた2人か3人の学習者と連絡をとりなさい。
- トレーニングの参加者に、次は友達を連れて来るよう促しなさい―トレーニングの参加者に、次に参加するときはパートナーを連れて戻るよう促しなさい。これは他者をトレーニングするトレーナーの数を増やす効果的なやり方です。

付録C

翻訳者に対する注記

神の思し召しのまま、筆者はこのトレーニングの他の言語への訳出を許可します。イエスの教えの布教トレーニング(FJT)を翻訳するときは、以下のガイドラインに従って下さい。

- 私たちは、翻訳作業を進める前に、イエスの教えの布教トレーニング(FJT)を数回他の人と行うことをおすすめします。翻訳はその意味を強化すべきであり、単なる文字通りの訳や、逐語訳であってはなりません。例えば、「Walk by the Spirit(聖霊によって歩きなさい)」が、あなたのお持ちのバージョンの聖書において「Live by the Spirit(聖霊によって生きなさい)」であるならば、それを用い、必要に応じて身振りを改訂しなさい。
- 翻訳は、よくある言葉であるべきであり、出来る限り、あなたの国の「宗教的な言葉」を用いないようにしなさい。
- 節を引用するとき、あなたの国の人々の多くが理解できる訳の聖書を用いなさい。もし、理解し難い1つの訳しかないのならば、それらを明快にするために訳語をアップデートしなさい。
- キリストの8つの絵のそれぞれの意味に対し、ポジティブな意味のある言葉を用いなさい。しばしば、トレーニングチームは、正しいものが見つかるまで、「正し

い言葉」について数回経験を積まなくてはいけないかもしれません。
- 「Saint （聖）」という語を、あなたの文化において高尚な道徳的生活を崇め、祈り、導く聖なる人にあたる言葉で訳しなさい。もし、あなたの言語において、イエスの聖性を意味する言葉が同じであるならば、わざわざ「Holy One （聖なる人）」という言葉を用いる必要はありません。私たちはここで、「Saint （聖）」という言葉が必ずしも、イエスを表していないために、このように「Holy One （聖なる人）」という語を用いる必要があるのです。
- 「Servant （召使い）」という言葉は、ポジティブな意味で訳すことが難しい語でありえますが、あなたがそうすることはとても重要なことです。あなたの選んだ語が、よく働き、謙虚な心を持ち、他者を助けることを楽しむ人であるよう留意しなさい。ほとんどの文化において、「召使いの心」という考え方はあるのです。
- 私たちは東南アジア用の学習スキットの中のいくつかを、ジョージ・パッターソンの『トレーングと複製』セミナーを元に適用させています。どうぞご自由に、あなたの国の人々に親しみやすいアイテムや考え方を用いるよう気をつけて、それらをあなたの文化にあてはめてください。
- 私たちは喜んで、あなたの仕事について聞き、可能なあらゆる手段で助けます。
- translations@FollowJesusTraining.comまで、私たちにご連絡ください。そうすれば、私たちはコラボし、より多くの人たちがイエスに従うのを見ることができます！

付録D

その他のリソース

あなたは、www.FollowJesusTraining.comにおいて、イエスに従うために他者をトレーニングする助けとなるいくつかのオンライン・リソースにアクセスすることができます。

リソースは、以下のものを含みます：

1. 筆者による記事とトレーニングについての識見
2. 『一途なリーダーの育成』のビデオにおける全ての身振り
3. 『一途なリーダーの育成』の翻訳。翻訳の品質はまちまちなので、あなたがそれを使う前に、ローカルな、国内の信者の方と一緒にチェックしましょう。

現在のプロジェクトとトレーニングのイベントに関するさらなる情報は、lanfam@FollowJesusTraining.comにお問い合わせ下さい。

www.ingramcontent.com/pod-product-compliance
Lightning Source LLC
Chambersburg PA
CBHW071455040426
42444CB00008B/1348